結局 何を教えればいいかが
スッキリわかる!

小学校

はじめての
プログラミング
授業

〖 丸岡慎弥 〗
MARUOKA SHINYA

JN012672

学陽書房

　本書を手に取ってくださり、ありがとうございます。

手に取ってくださった先生方は、きっと、次のような思いをもたれているのではないでしょうか。

　「プログラミング教育って、何なのだろう？」

　「どうして、プログラミング教育を進めなければいけないのだろう？」

　そしてさらに、私と同じように、次のような思いも抱いていらっしゃるかもしれません。

「もうこれ以上、現場に何でも詰め込まないでくれ！」

　新学習指導要領の完全実施により、さまざまな教育改革が行われています。評価の在り方、カリキュラム・マネジメント、「特別の教科 道徳」の授業の充実、総合的な学習の充実、キャリア教育、外国語科の導入などなど。

　挙げ始めればきりがありません。

これらは一気に導入され、現場はすでにパンクしています。入らない箱に、ぎゅうぎゅうに押し込まれ、すでにあらゆるものが飛び出してきてしまっているほどです。

　何とかしなくてはいけない。そのたった１つの思いで、本書の執筆を決めました。

　「この状況に、何か一石を投じたい」

　「自分だからこそ書けることがあるはず」

　そう思い、本書を書き上げました。ただ、本書を読み進めていただく前に、読者の皆さんに断っておかなければいけないことがあります。

　それは、**私はプログラミング教育の専門家ではない**、ということです。

　従って、これからプログラミング教育をさらに深く研究・展開されようとしている先生にとっては必要な本ではありません。今すぐに、この本を売り場へと戻してください。また、プログラミング教育を専門としている先生にとっては、まったく何の価値ももたらすことはできません。

ただ、私と同じように、プログラミング教育についてあまりよくわかっていない先生、あまりコンピュータをさわることに前向きになれない先生、そして、「もうこれ以上、現場に何でも詰め込まないでくれ」という思いをもっている先生は、ぜひ、本書を手に取り、ページをめくってみてください。

　プログラミングについて素人の教師である私だからこそ、本書の内容を書くことができました。本書は、先生方の大多数を占めると言われる「プログラミングってよくわからないんだけど〜」という思いに、少しでもお役に立てればと生まれた本なのです。

　本書の執筆にあたり、プログラミング教育とは何かをとことん探究しました。そして、私なりのある答えを見つけたのです。それは、

　プログラミング教育は、日常の授業でさまざまに推し進めることができる

ということです。もちろん、プログラミング教育を実施するにあたって、コンピュータを活用することも同時に行っていかなければなりません。しかし、子どもたちはすべての時間でコンピュータをさわれるわけではないのです。日常の授業の中でこそ推し進められるプログラミング教育が存在します。それも、これまでの授業を活かしながら、です。

　さあ、プログラミング教育の第一歩を踏み出してみましょう。何も恐れることはありません。

　本書の中で、「プログラミング教育とは、こういうことを教えればいいのか！」というもっとも基本的なことをつかんでいただければ幸いです。そして、この教育界の荒波をともに乗り越えていきましょう。

丸 岡 慎 弥

CONTENTS

Chapter 1 | これだけはおさえたい！プログラミング教育導入の背景＆意図

Chapter 2 | ゼロから学べる！ プログラミング教育は ここが"キモ"

Chapter 3 | プログラミング教育を無理なく推し進める教師の仕事術

Chapter 4 | 教科別 プログラミング的思考を育む授業のつくり方

これだけはおさえたい！

プログラミング教育 導入の背景＆意図

新学習指導要領、外国語科の新設……と、
さまざまな教育改革が行われる中、
なぜ、プログラミング教育まで実施されたのでしょうか？
プログラミング教育が必要な"わけ"を
本章ではしっかりつかみ取りましょう。

プログラミング教育導入 の必要性

プログラミング教育導入の背景は、第4次産業革命！

どうしてプログラミング教育が必要なのか

　2020年度から必修化される「プログラミング教育」ですが、そもそもなぜ導入されることとなったのでしょうか。まずは、プログラミング教育が導入されることになった背景を探ってみましょう。

　2012年度から実施の学習指導要領では、中学校において「プログラムによる計測・制御」が必修化されました。さらに、小学校の現場でもプログラミング教育が必要とされる背景として、「第4次産業革命」と「グローバル化」へ向けたIT人材の育成を抜きに語ることはできません。

これからの社会とプログラミング教育

　経済産業省の発表では、2020年に36.9万人、2030年には78.9万人ものIT人材が不足するとされています。また同時に、加速していくばかりの人口減少も懸念されています。この状況で第4次産業革命（IoT、AI、ビッグデータなどを活用した新しいかたちのビジネスやサービス）を待ったなしで迎えることになります。

　つまり、日本社会全体として、より成熟したIT水準を国全体として目指していくために、プログラミング教育が必須だということなの

です。現状の教育内容では、これからの社会を生き抜いていく子ども
たちの資質が十分に育まれないと判断されたのです。

💡 プログラミング教育で培う力とは

　通常、プログラミングにおいてはコーディング（プログラミング言語）が必要となりますが、今回実施されるプログラミング教育においては、それを教えること自体がねらいではないといわれています（p.116 参照）。プログラム自体は、どんどん変化していきます。そうしたプログラムの変化に対応できる思考力や判断力など、プログラムに対する素地を養うことに重点が置かれていることを、まずは教師として理解しておかなければなりません。

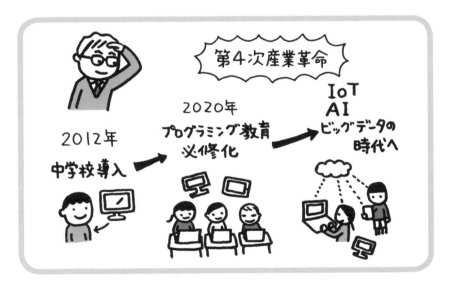

ADVICE！

まずは、プログラミング教育が必修化された社会背景をしっかりおさえましょう。各章末のコラムでも紹介していますので、ぜひお読みください！

プログラミング教育の目的とは？

プログラミング教育の2つのねらいをきちんとおさえよう！

プログラミング教育のねらいとは？

　文部科学省では、大きく2つのことを、プログラミング教育のねらいとしていることが示されています。

> 　児童に、「コンピュータに意図した処理を行うように指示することができるということ」を体験させながら、以下の資質・能力を育成すること（「知識及び技能」「思考力、判断力、表現力等」「学びに向かう力、人間性等」）。各教科等の内容を指導する中で実施する場合には、各教科等での学びをより確実なものとすること。

「知識及び技能」だけではない

　文部科学省が示す2つのねらいのうち、1つめには、「以下の資質・能力を育成すること（「知識及び技能」「思考力、判断力、表現力等」「学びに向かう力、人間性等」）」という文言があります。つまり、プログラミング教育は、ただ単にコンピュータ操作のための知識及び技能のみを行うことではありません。文言括弧中にある3つの観点については、1つずつ後述していきますが、まずは、このことをしっかりと理解していなければなりません。もちろん、コンピュータを実際にさわ

ることで得られる知識や技能もありますが、その素地をつくり出す思考の部分や意欲の部分が重要なのです。

2つめには、「各教科等の内容を指導する中で実施する場合には、各教科等での学びをより確実なものとすること」とあります。つまり、コンピュータの強みである反復機能などを活用することで、学習の成果を向上させることも期待されています。

上記2点については、コンピュータの肝をおさえた内容となっています。まず1つめについては、コンピュータは人の思考がもとになっていることからもたいへん重要なことです。また、2つめについては、授業でコンピュータを扱えば、子どもたちにもたいへん喜ばれます。内容はもちろん、意欲面でも大きな期待が寄せられています。

ADVICE!

新しいことが導入される際には、その「目的」や「背景」までとらえることが必須です。それなくして、真の教育、学習は深まりません。

プログラミング的思考 とは？①

コンピュータをさわるだけではプログラミング教育ではない！

⏺ コンピュータをさわらない時間こそ

　プログラミング教育ではずせないキーワードの１つが、「プログラミング的思考」です。そして、この言葉こそが「プログラミング教育はコンピュータをさわるだけではない」ということを示しています。

　プログラミング教育を進めていくために、コンピュータに触れ、その操作を身につけていくことはもちろん大切ですが、「子どもたちにどのような思考を育てていくのか」が教育内容の根底にあることを忘れてはなりません。つまり、コンピュータをさわらない時間も、プログラミング教育を進めるためには非常に大切な時間となるのです。

⏺ プログラミング的思考とは

　そもそも「プログラミング的思考」とは、どのようなことなのでしょうか。文部科学省では、以下のように説明されています。

> 自分が意図する一連の活動を実現するために、どのような動きの組合せが必要であり、一つ一つの動きに対応した記号を、どのように組み合わせたらいいのか、記号の組合せをどのように改善していけば、より意図した活動に近づくのか、といったことを論理

キーワードは「命令」「組合せ」「改善」

　プログラミング的思考を育むためには、「命令」「組合せ」「改善」がキーワードとなります。そして、それらを学習し、育むチャンスは、実際にコンピュータを操作する時間以外の日常の授業の中に多く存在します。

　新学習指導要領においても具体的な教科では示されていません。ぜひ本書を通じて、日常のあらゆる教科の中でプログラミング的思考を育む授業をしていきましょう（具体的には、Chapter 4 で紹介します）。

ADVICE !

「プログラミング的思考を育むとは何か？」を具体的に頭の中で整理しておきましょう。そして、日常の授業に取り入れていくことを意識化します。

プログラミング的思考とは？②

プログラミング的思考を活用したコンピュータの扱い手順とは？

💡 プログラミング的思考とは論理的思考

　プログラミング的思考は、「論理的思考」ともいわれます。「プログラミング的思考」という言葉自体は、2020年からの新学習指導要領導入に際して、学校現場においてはじめて登場しましたが、「論理的思考」という言葉は、それ以前にあったキーワードとしてすでに馴染みのある言葉です。つまり、プログラミングに必要な思考力や判断力、表現力などは、これまで行われてきた授業で育まれてきたともいえるでしょう。

　では、実際に、「プログラミング的思考＝論理的思考」をコンピュータ操作に当てはめるとなると、どのような手順になるのでしょうか。それは例えば、以下のような手順を実現するための思考力として必要となってきます。

💡 プログラミング的思考に基づいた手順

　プログラミング的思考（つまり論理的思考）に基づいたコンピュータを扱う手順を、以下に示しましょう。

①コンピュータに、どのような動きをさせたいのかという自分の意図を明確にする【意図・ねらい】

②コンピュータに、どのような動きをどのような順序でさせればいい
　のかを考える（意図した一連の動きが、一つ一つの動きとつなげた
　ものであることを理解する）**【動作・順序】**
③一つ一つの動きに対応する命令（記号）が必要であることを理解し、
　コンピュータが理解できる命令（記号）に置き換える**【命令・置き換
　え】**
④これらの命令（記号）をどのように組み合わせれば、自分が考える
　動作を実現できるかを考える**【組合せ・実現】**
⑤その命令（記号）の組合せをどのように改善すれば自分が考える動
　作により近づくのか考える**【改善】**

ADVICE!

上記の手順が、まさに文部科学省の示す例となります。こちらを基本形として考えていくと、授業づくりのアプローチがしやすくなります。

プログラミング的思考
とは？③

情報活用能力の中にプログラミング的思考の育成がある！

これからの学習の基盤となる情報活用能力

　プログラミング的思考を育む際に確認しておくべきこととして、「情報活用能力」は欠かせません。情報活用能力は、新学習指導要領においても「学習の基盤となる資質・能力」とされ、これまでの考え方、つまり知識を入れるだけではなく、活用すること自体が「学習の基盤」ととらえられているのです。そして、そのためには、教科横断的な視点から教育課程を編成することも示されています。ぜひ、他の学習とのつながりも意識していきましょう。

情報活用能力とは

　そもそも情報活用能力とは、学習活動において「コンピュータ等の情報手段を適切に用いて、情報を得たり、整理・比較したり、発信・伝達したり、保存・共有したりといったことができる力」とされています。それはつまり、現在、スマートフォンなどを通じて日常的に行われていることを、意図的かつ適切に行う力を子どもたちに育んでいくことともいえます。

　さらに、情報手段における基本的な操作技能やプログラミング的思考、情報モラル、情報セキュリティなどに関する資質・能力も含むも

のとされています。

💡 情報活用能力を育む中にプログラミング的思考の育成を

　こうした情報活用能力を育成する中でも、つまりこれまでにも行われているコンピュータ教育の中でも、「プログラミング的思考」を育むことを組み込んでいく必要があります。

　ただし、プログラミング的思考は不可欠といっても、コンピュータ教育の中でそれだけが独り歩きすることがないようにも気を付けたいものです。

プログラミング的思考 ＋ 情報活用能力
なるほど〜
・収集　・整理
・比較　・伝達
情報モラル　操作技能
セキュリティ

ADVICE！

プログラミング教育は、情報活用能力の育成の中にあると認識しましょう。すると、あらゆる教育活動とつなげていくことができるようになります。

プログラミング教育が育む資質・能力①

知識及び技能

プログラミング教育における「知識及び技能」をおさえよう！

（！）プログラミング教育でも資質・能力育成を

　新学習指導要領では、3つの新たな資質・能力の観点が示されました。「知識及び技能」「思考力、判断力、表現力等」「学びに向かう力、人間性等」です。そして、これらの観点はプログラミング教育においても示されています。具体的にどのようなことがそれぞれの観点で示されているのか、まずは「知識及び技能」から確認していきましょう。

（！）身近な生活にあるコンピュータへの関心を

　プログラミング教育において、「知識及び技能」の育成については、次のように示されています。
　「身近な生活でコンピュータが活用されていることや、問題の解決には必要な手順があることに気付くこと」
　今や、私たちの生活すべてがコンピュータで動いているといっても過言ではありません。自動で電気がついたり、ドアが開いたりという現象が、現代の子どもたちにとってはごく当たり前とされています。まずは、そうした生活の中に、たくさんのコンピュータが関わっていることに気付かせるようにしましょう。そこから、コンピュータについての疑問や興味をもたせるようにします。

💡 問題解決の手順を教える

　また、子どもたち一人一人が、すでにコンピュータの使い手であり、コンピュータの「問題の解決には手順がある」ということを伝えます。コンピュータに関してもですが、問題に出会ったときに、解決の方法を知らなければ見通しをもつことができません。

　「問題の発見→問題解決の見通し→解決に向けての計画→解決の予測と実行→ふりかえり」などの一連の手順を示すことで、子どもたちは主体的に活動することができるようになるのです。

ADVICE !

　身近なコンピュータの存在に気付かせることが、プログラミング教育への第一歩。当たり前のことに目を向けさせることから始めていきましょう。

プログラミング教育が育む資質・能力②

思考力、判断力、表現力等

プログラミングのための一連の思考の流れを
しっかりとおさえよう！

💡「思考力、判断力、表現力等」＝プログラミング的思考

　ここでも、まずはプログラミング教育における「思考力、判断力、表現力等」を、文部科学省がどのように示しているかを確認しましょう。

　「発達の段階に即して、『プログラミング的思考』を育成すること」つまり、プログラミング的思考を育む際には、「思考力、判断力、表現力等」を育てているのだと意識することが大切だということです。

💡 コンピュータを動作させる一連の思考の流れ

　では、「思考力、判断力、表現力等」を育てることを、具体的にコンピュータを動作させることに合わせて考えると、どうなるのでしょう。例えば、コンピュータに自分の考える動作をさせるためには、以下のプログラミング的思考のキーワードをおさえておくことが必要となります（以下、文部科学省の「小学校プログラミング教育の手引（第三版）」をもとに作成）。

　【分析】ある要素をできるだけ細分化し、小さな要素に分けることで、その事柄の内容や性質などを明らかにすること

　【抽象化】ある対象から特に必要と思われる要素を抜き出して、一度に注目すべき概念を減らすこと

【改善】問題があると思われるところを改め、よくしていくこと

【順次】上から順にプログラムを実行すること

【問題発見】解決すべき問題を発見すること

【解決の見通し】問題を発見した後、どのようにすれば（どのような方法を用いれば）その問題を解決できるのかという道筋をもつこと

【一般化】ある方法を誰にでも同じもの（こと）ができるようにわかりやすく伝えること

【繰り返し】同じプログラムを反復すること

【条件分岐】プログラム中で、ある条件が満たされているかどうかによって次に実行するプログラム上の位置を変化させること（「○○ならば××」というように）

【組合せ】相異なる（区別可能な）いくつかの要素の集まりから、いくつかの要素を（重なりなく）選び出す方法

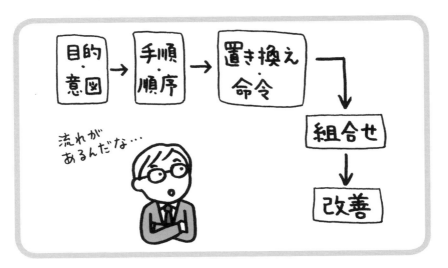

プログラミング教育が育む資質・能力③

学びに向かう力、人間性等

一人一人の人生や社会全体へとつなげるために！

💡「学びに向かう力、人間性等」とは

　新学習指導要領における資質・能力において、最後に示されているのが「学びに向かう力、人間性等」です。今回、このキーワード自体が新しく盛り込まれ、「そもそも、それって何？」という疑問もたくさん耳にしますが、ここではプログラミング教育における「学びに向かう力、人間性等」に限定して整理し、理解を深めていきましょう。

　文部科学省は、「発達の段階に即して、コンピュータの働きを、よりよい人生や社会づくりに生かそうとする態度を涵養すること」としています。具体的には、プログラミングを体験することを通じて、身近な問題の発見・解決にコンピュータの働きを生かしたり、コンピュータなどを上手に活用してよりよい社会を築いていこうとするなど、「主体的に取り組む態度」を涵養することを示しています。「涵養」の意味は、次頁下の「ADVICE！」で示していますので、ぜひチェックしてください。

💡「学びに向かう力、人間性等」も身近なところから

　では、プログラミング教育で学んだことを、どのように社会や人生に活かすことができるのでしょうか。そのポイントは、「身近なとこ

ろに目を向ける」ことです。

　私たちの生活にはコンピュータが当然のように存在しています。まずはそこを出発点として、自分にとって「便利なこと」「できそうなこと」を実感させていきます。そうした身近な視点での学習が、次第に自らの人生や社会へ役立たせる発想へとつながっていきます。

情報モラルの育成も

　著作権などの自他の権利の尊重や情報セキュリティの確保に気を付けるなど、情報モラルの育成も「学びに向かう力、人間性等」では大切な要素となります。教師自身が情報モラルに対して意識と理解を高め、授業にわかりやすく盛り込んでいかなければなりません。

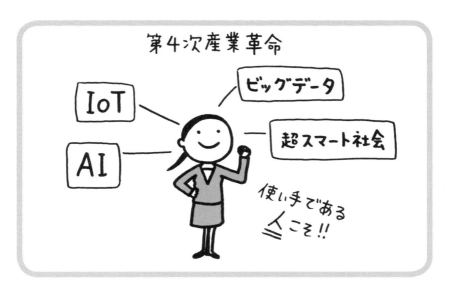

ADVICE!

涵養とは、「自然にしみこむように養成する」「無理のないようだんだんに養い育てる」という意味です。教育者としてぜひおさえておきたい言葉です。

学習指導要領で示されている 2つの学習活動

「そもそも」をおさえて、多忙感を解消しよう！

プログラミング教育で行われる2つのこと

　ここまで、プログラミング教育についていろいろなことを取り上げてきましたが、今回、文部科学省が示した「プログラミング教育のねらい」に基づいて、次の2つにまとめて学習活動が記されています。

- 「情報活用能力」に含まれる資質・能力（「知識及び技能」「思考力、判断力・表現力等」「学びに向かう力、人間性等」）を育成すること
- 各教科での学びをより確実なものとすること

　今回のプログラミング教育の導入にあたっては、さまざまなことが盛り込まれているように感じてしまいますが、整理をすると、この2つに限定されていることに気付きます。

疑問に出合ったときには

　プログラミング教育が導入されることとなって、「いったい何をしたらいいの？」という疑問は少なからず起きることでしょう。しかし、もしもそんな疑問が脳裏に浮かんでも、プログラミング教育のねらい（p.12 〜 13 参照）に戻るようにすれば解決方法が見つかります。この「ねらい」をおさえておくことは、不安の解消にもつながります。

　その際、今から自分が指導しようとしている学習活動は、その2つの

ねらいがどのように関係しているのかを見定めるようにしましょう。

💡 大きな改革を乗り越えるために

　今回の教育改革では、プログラミング教育のみならず、英語教育も同時期に導入されることとなりました。また、2018 年度からは「特別の教科 道徳」も実施されています。このような大きな改革が 3 つも同時に押し寄せることは、そうあることではありません。

　目の前に課題が山積みで気持ちも時間も慌ただしくなるばかりですが、そんなときこそ、「なぜ、それらが導入されたのか？」「それらのねらいは何か？」をきちんと踏まえておくのです。そうした思考が、落ち着きをもたらし、私たち教師に迫る多忙感を解消してくれるのです。

ADVICE！

大きな教育改革による多忙感から身を守るためにも、日頃から、そもそものねらいに立ち返る意識と習慣が大切です。

プログラミング教育の評価のポイント

プログラミング教育での評価をおさえることでよりよい指導を！

💡 子どもへの評価と教育活動への評価

「教育活動と評価は表裏一体」ともいわれます。どの教育活動によってももちろん大切なポイントですが、評価がきちんとなされることで、実施される教育活動が見直され、よりよく改善されていくのです。

では、プログラミング教育では具体的にどのような評価を行っていくべきなのでしょうか。大きく分けて２種類ありますが、１つは「**児童に対して行う評価**」、もう１つは「**教育活動の見直しのための評価**」です。

💡 子どもへの評価ポイントは２点

新学習指導要領で示された３つの資質・能力である「知識及び技能」「思考力、判断力、表現力等」「学びに向かう力、人間性等」に対応した学習状況評価の３観点「知識・技能」「思考・判断・表現」「主体的に学習に取り組む態度」をベースにしながら、プログラミング教育における子どもへの評価は、次の２点が基本となります。

- **プログラミングを実施した際の評価については、あくまでもプログラミングを学習活動として実施した教科等において、それぞれの教科等の評価規準により評価するのが基本**

● プログラミングを実施したからといって、それだけを取り立てて評価したり、評定をしたりする（成績をつける）ものではない

💡 教育活動の評価はきちんとしよう

　ただし、評価・評定をしないからといって、指導計画を立てないわけではありません。プログラミング教育で育みたい力を明確にし、目標に向けて計画的に教育活動を実施していく必要があります。そして、目標に対して、どれくらい指導できたのかという評価が必要です。

　なお、通知表などを通じて、子どもたちの工夫や成長を伝えていく評価は積極的に行うべきです。そのような姿を見つけたら、どんどん伝えていくようにしましょう。

プログラミング ＜ 教科

✕ 取り立てて評価しない

国語	◎
社会	△
プログラミング	ー

○

所見
プログラミングの授業ではいきいきしていました。

ADVICE！

子どもたちの工夫や成長を発見するには、どんな力を育みたいのかを常に思い描き、できるだけ指導計画を具体化させていくことが大切です。

第4次産業革命、到来！

　プログラミング教育の導入の背景にあるものは、何でしょうか。それは、間違いなく第4次産業革命の到来です。

　これまで、日本は次のような産業革命を体験してきました。

第1次産業革命：18世紀末以降の水力や蒸気機関による工場の機械化
第2次産業革命：20世紀初頭の分業に基づく電力を用いた大量生産
第3次産業革命：1970年代初頭からの電子工学や情報技術を用いた一層のオートメーション化

　そして、今、第4次産業革命を迎え、その影響によるくらしの変化は、これまでにないくらい大きなものとなりそうです。具体的には、内閣府が打ち出している説明をもとにすると、次のようないくつかのコアとなる技術革新が示されています。

　1つめは、IoT及びビッグデータです。工場の機械の稼働状況から、交通、気象、個人の健康状況まで、ありとあらゆるさまざまな情報がデータ化され、それらをネットワークでつなげてまとめ、これを解析・利用することで、新たな付加価値が生まれるとされています。

　2つめは、AIです。人間がコンピュータに対してあらかじめ分析上注目すべき要素をすべてあたえなくとも、コンピュータ自らが学習し、一定の判断を行うことが可能となります。加えて、従来のロボット技術も、さらに複雑な作業が可能となっているほか、3Dプリンターの発達により、省スペースで複雑な工作物の製造も可能となるとされています。

　こうした技術革新により、私たちの日々のくらしは大きく変わっていくことが予想されているのです。当たり前のように存在していた仕事がなくなって、その代わりに新たな仕事が生まれたり、シェアリングが当たり前となって、「超スマート社会」が生まれたりするなど、これまでの概念を根底から覆すようなサービスや仕事が生まれてくることでしょう。

　そうした時代の大きなうねりや変化に対応するための取り組みとして盛り込まれたのが、プログラミング教育です。

　あと数年のうちには、私たちは第4次産業革命による目まぐるしい変化をさらに実感することになるでしょう。

Chapter 2

ゼロから学べる！

プログラミング教育はここが "キモ"

プログラミングとは？
プログラミング的思考とは？
まずは、プログラミング教育の
基本の「き」から話を始めます。
プログラミング教育への第一歩を踏み出しましょう。

日常の授業の中でこそ進めよう

構えず、気負わず、まずはどんどんさわってみよう！

日常の授業だからこそ

　プログラミング教育を推し進めるチャンスがあるのは、まさに「日常の授業」です。研究授業や公開授業では、どうしても構えた準備となってしまい（もちろんそうした機会も大切ですが）、そこで行った学習内容を継続して行うのが難しいことは少なくありません。

　しかし、日常の授業であれば「少しだけやってみよう」「得意な○○の授業からやってみよう」という気になれます。まずは、授業とコンピュータの距離を縮めることです。そして、ゆくゆくは「コンピュータ（プログラム）をさわることがごく当たり前」という感覚となることを目指していきましょう。

教師が率先して「習うより慣れよ」の精神で

　日常的に授業に取り入れていくことで、必然的にプログラミングに触れる機会が増えていきます。「習うより慣れよ」という言葉通り、「どれだけ触れたか」は大きく成果を左右するものとなります。

　ソフトについても、すでに学校現場で導入されているものがいくつかありますが、実際にさわってみると、思ったよりも操作方法が簡単なことに気付かされます。そうした理解のためにも、まずは教師自身

が率先して、積極的に楽しみながら実践していかなければなりません。

💡 子どもたちの高まりをクラス全体に拡散させる

　子どもたち自身に触れさせる回数を増やすことで、成長はみるみる高まります。もちろん、プログラミングの導入は教師が丁寧に行う必要がありますが、慣れてくると、子どもたちはすぐに教師の技能を追い抜いて、勢いよくスキルを身につけていくことでしょう。そうなると、放っていてもクラスのそこここで高揚感や活気が生まれていきます。それを、クラス全体へと広げ、ふりかえりなどの活動の中で「自分はできる」とメタ認知させていくと、クラスの中にプログラミングを完全に定着させられるでしょう。

ADVICE！

人は知らないものを排除してしまう傾向があるともいわれます。プログラミングを知らないからといって遠ざけてしまっては、教師も子どもも成長は生まれません。

コンピュータを活用した体験学習

つなげ方＆取り入れ方のポイント

学習前のチェック「学習条件・成果・環境」が肝心！

💡 学習のよさを把握する

プログラミング教育は各教科とつなげられる利点がありますが、「ただ導入するだけ」ではいけません。子どもたちが興味や関心のもてるものや必要性を感じるものにしていきましょう。そのためには、教師が子どもたちにプログラミングを用いることのよさをしっかりと伝えていくことが大切です。

授業前には必ず、「この学習のよさは何なのか？」をきちんとおさえてから授業にのぞむようにしましょう。

💡 プログラミングができる学習条件はそろっているか

プログラミングと学習単元がきちんとつながっているかの確認も欠かせません。例えば、正三角形のプログラミングを学習するのに、事前に正三角形の性質をきちんとおさえていなければ、プログラミングをしても何の効果も得られません。先にも述べたように、プログラミングは、命令があってはじめて成り立つものです。「そもそも正三角形とは何か？」がわからなければプログラミングを行うことは難しいのです。それは、他の教科とつなぐときにも同じです。プログラミングをするための条件がととのっているかを確認する癖をつけましょう。

💡 結局、何が得られるか

　プログラミングを行うことで、結果として何を得たいのかも明確にしておく必要があります。正三角形の学習や理科の電気の学習であれば単元の発展学習になりますし、社会科の都道府県調べであれば調べ学習や知識理解の整理にもなります。

　プログラミング学習で得られる成果は、それぞれの活動で異なります。この学習で子どもたちはどんな成果を得られるのかをイメージし、授業に向かう前に明確にしておくようにしましょう。

　文部科学省の「小学校プログラミング教育の手引（第三版）」に書かれている実践例を、事項から考察してみましょう。

ADVICE!

授業中、子どもたちが困惑しないように、コンピュータまわりや扱うソフトの整備など、学習環境の事前チェックも怠らないようにしましょう。

社会科での実践

47都道府県を見つける

プログラミングだと47都道府県が効率的に覚えられる！

💡 プログラミングで47都道府県を知る

　「47都道府県」を学ぶ学習では、コンピュータのプログラムと地図帳や白地図を同時に活用しながら、それぞれの特徴を組み合わせて都道府県を特定するということを行います。コンピュータの活動を通して、47都道府県の名称と位置を、その特徴とともにまとめて理解することができるというプログラミング教育です。

　都道府県の名称や位置、特徴を子どもたちに覚えさせることは、これまでも課題となっていましたが、コンピュータの強みを生かしながら活動させることができます。

💡 コンピュータの実践の強みを生かす

　コンピュータの実践の特徴は、何といっても反復です。子どもたちは、コンピュータでプログラミングをすることを通して、「名称」「特徴」「位置」「地方」などに自然なかたちで繰り返し触れることができます。また、自分で命令しなければならないので、命令するために必要な知識がなければ、まずは自分で調べなければならず、その作業によってより学習も深まります。そして、操作手順に慣れてしまえば、楽しみながらどんどん知識を増やしていくことが可能となります。

(!) プログラミングをきっかけに対話活動を

　子どもたちが都道府県のプログラミングに十分に慣れてくると、友達同士で問題を出し合うことが可能となります。グループで相談しながら、どの都道府県を答えにしたいか、その都道府県を答えにするにはどんな特徴を条件にするといいかなどと話し合う必然性が生まれてくるのです。

　友達の問題に答え合うことで学習が深まることはもちろん、問題をつくることを通しても、都道府県の特徴について学ぶ機会となります。

　また、コンピュータを扱うことで、学習に「ゲーム性」を取り入れることができます。ペアやグループなどで競争させたりすることで、さらに子どもたちが意欲的に取り組んでいきます。その中で、自然に喜びや楽しみを共有できるようになります。

ADVICE！

コンピュータと地図帳など、両方の特徴を存分に活かしましょう。コンピュータに触れながら、何度も地図帳をめくることも大切なポイントです。

算数科での実践

正三角形を書く

子どもたちの「書きたい」を引き出そう！

💡 正三角形の特徴により詳しくなる

　プログラミングを通して正三角形を書く活動を行うことで、正三角形の「辺の長さがすべて等しい」「角の大きさもすべて等しい」という意味をより理解することができます。なぜなら、その特徴を知っておかなければ、プログラムを組むことができないからです。

　「プログラムを組みたい！」という目的を達成するために、子どもたちは、より正三角形について知っていくことになります。

💡 「改善」を通して学びが深まる

　正三角形を作図するためには、正三角形の特徴をコンピュータへ命令しなければなりません。「これだけ直線を引く」「ここで何度回転する」などです。そうした活動を通して、子どもたちの正三角形に対する理解はより深まります。

　また、もしもうまく正三角形が作図できなかったとしても、「改善」をはかることができます。「どこがうまくいっていないのだろう？」「どこを変えればいいのだろう？」という思考を通して、何度でも作業できることがコンピュータの強みです。

💡「もっと正○角形を書く！」

　コンピュータで正三角形を書くことに慣れてくれば、子どもたちは「もっと他の正○角形を書きたい！」と意欲的になることでしょう。そのとき、すかさず教師が「やってみましょう！」と背中を押してあげると、子どもたちは自力で解決しようとするはずです。

　わからなければ、子どもたち同士で「どうしたら正○角形ができるだろうか？」などと、自然と話し合いが生まれるはずです。こうした環境をととのえやすいのも、コンピュータの実践の特徴といえます。ただ、コンピュータを扱うといっても、教師の展開力はとても大切な要素です。子どもたちに「コンピュータを扱う授業は楽しい！」とどのように実感させていくのか、明確なイメージをもつことが必要です。

ADVICE！

子どもたちに自主的かつ意欲的に活動させるには、基本的な操作をきちんとおさえることが必須です。基本があるからこそ応用することができます。

理科での実践

身のまわりの電気

子どもたちの思考をプログラミングにのせよう！

💡 身のまわりはプログラミングされた電気でいっぱい

　私たちの身のまわりには、プログラミングされた電気がたくさんあります。意識して探してみると、自動でついたり消えたりする電気はもちろんのこと、タイマー機能の付いた電化製品や人感センサーの付いたエアコンなど、たくさんのものが見つかることでしょう。

　この学習活動では、身近にある電気の性質や働きを目的に合わせて制御したり、電気を効率よく利用したりする工夫がなされていることを、プログラミングを通して確認していきます。

💡 コンピュータの前に「考え」をもたせる

　このプログラミング学習を取り組むには、電気をつくり出したり、蓄えたりすることができること、そして、光、音、熱、運動などに変換できることなどを学習していることが前提です。つまり、単元の最後に行うことがふさわしい学習活動となります。

　この学習では、コンピュータをさわる前に、コンピュータの利用で電気をよりうまく使えることを知り、「どんなものがあれば、より電気をうまく使うことができるか？」ということを考えさせるようにしましょう。

💡 驚くようなプログラミングが生み出されるかも

　この活動でポイントになるのが、コンピュータに触れる前に、「自分たちはどのようにして電気をよりうまく活用するか？」という考えをしっかりともつことです。そうでなければ、人がコンピュータに命令することはできないからです。

　しっかりとした思考をもった上で取りかかれば、まだ社会には一般に使われていないようなプログラミングも子どもたちから生み出されることでしょう。それは、日常的に活用している電気という学習だからこそできることなのです。そのためにも、教師の「発見力」が重要です。「子どもたちがどのようなアイディアを出しているのか？」「おもしろい要素は何か？」と常にアンテナを拡げていきましょう。

ADVICE!

時間的な余裕があれば、ぜひ、授業の締めくくりにそれぞれの考えたプログラムを発表する場を設けましょう。より意欲を引き出す効果があります。

音楽科での実践

いろいろなリズムやパターンを組み合わせて音楽をつくる

音楽×プログラミングで苦手意識のある子も意欲的に！

💡 プログラミングでまとまりのある音楽を

　さまざまなリズム・パターンを組み合わせ、まとまりのある音楽づくりをプログラミングによって行う学習活動です。

　自分の意図するまとまりのある音楽を、いくつかのリズム・パターンを組み合わせることで表現することができます。また、そうした活動を通して、多様なリズムやパターンについてのおもしろさに気付くことができることも特徴です。

💡 音楽×プログラミングだからできること

　音楽とプログラミングをかけ合わせることで、多くのメリットがあります。まず音楽というものは、「命令を出すこと」「組み合わせること」によって成り立つのだという仕組み自体を理解させることができます。また、多くの子どもたちにとって、「音楽づくり」はなかなか馴染みのあるものではないところに、授業で使用するコンピュータによって、「自分にも音楽がつくれるんだ！」ということを体感させることができます。

　もしも意図した音楽にならない場合でも、改善によって、より意図した音楽へと変化させることを体験させることができます。

💡 コンピュータだから音楽技能は関係ない

　音の高さや強弱、速度などをプログラミングすることもできます。楽器を使いながら同じようなことをしようすると、どうしてもその子の技能に左右されてしまいますが、コンピュータの操作であれば、簡単に「自分にもできる！」を体感させることができるのです。クラスには、技能が追いつかず、音楽の本質をなかなか感じることができない子もいるはずですが、コンピュータを通して、「音を楽しむ」という音楽の真の楽しさを伝えていきましょう。

　まとまりのある音楽が完成した際には、発表会を設け、ぜひクラスで交流することを忘れずに行いましょう。

楽器が苦手な子もプログラミングなら音楽がつくれる

ADVICE！

活動の初期段階においては、まずは教師が「ドドンコ」「ドンドン」などのリズム・パターンを用意しておくようにしましょう。

家庭科での実践

自動炊飯器に組み込まれている プログラミングを考える

身近な炊飯器がプログラミングの教材に！

💡 子どもにとって興味や関心の高い教材で

　家庭科でのプログラミングの実践例として、「自動炊飯器に組み込まれているプログラミングを考える」というものがあります。

　炊飯器が発明されるまで、人々はかまどに火をおこしてご飯を炊いていました。長年の経験と勘で生まれたフレーズが、「はじめちょろちょろ（弱火）、中ぱっぱ（強火）、赤子泣いてもふた取るな（蒸らし）」ですが、今はその知恵を炊飯器にプログラミングさせ、ボタン1つでおいしいご飯が炊けるようになっているのです。

　ほとんどの家庭で使われているであろう炊飯器は、子どもたちにとって非常に馴染み深く、興味や関心を高めやすい教材です。ぜひ、そういった物こそを学習活動に取り入れていくようにしましょう。

💡 すぐれた炊飯器も人の命令があってこそ

　「炊飯器×プログラミング」から考えられることの1つに、「人の知恵が埋め込まれているもの」があります。そもそもコンピュータは、人の「知恵」を入れ込まなければ動きません。つまり、まずは人が思考したことでなければ実現はないのです。どれだけすぐれた炊飯器も、スタートは人の知恵からであることをおさえるようにしましょう。

💡 コンピュータの強みも伝えられる

　さらに炊飯器に条件や制御などを加えることで、人よりもより正確においしくご飯を炊くことができるというコンピュータの強みにも注目させましょう。人が苦手とすることの1つに、「同じことの繰り返し」がありますが、コンピュータはいくら同じことをしても飽きることはありません。毎度同じように正確に成果を出すことができます。そんなコンピュータの強みを実感させる工夫も大切です。

　また、授業の中で、子どもたちに「ボタン1つでできる」と「毎日自分で炊く」のどちらがいいかを質問してみましょう。おそらく、多くの子が「ボタン1つでできる」を選ぶはずです。その際、「どうして？」と切り込むことで、コンピュータの強みを再認識させることができます。

ADVICE !

家庭科の学習では鍋を用いた炊飯を行います。そのときの苦労や難しさを子どもと共有した上で、コンピュータの強みを伝えることも効果的です。

第4次産業革命における日本の教育課題

　Column 1でも述べたように、第4次産業革命では、IoT、AI、ビッグデータ、そして、超スマート社会などによるさまざま影響や生活の変化が予想されています。

　では、そのようないくつもの大きな変化がある中において、日本に突き付けられている課題は何なのでしょうか。ここでは、「教育」の観点から考えてみることにしましょう。

　それは、「旧来の教育システム・文化からの脱却」です。

　もちろん、日本の学校現場において構築されてきた多くの素晴らしい教育技術や文化は、この第4次産業革命においても引き継いでいくべきものも多くあることでしょう。しかし、これまでの「答えが決まっているもの」「ただ答えを覚えるだけでいいもの」に取り組む教育に終始しているだけでは、未来に成長や発展は望めません。

　これからは、自分がほしいと思う情報はより簡単に手に入るようになります。自分の本当に必要なものをシェアすることによって、同じ考えや同じ目的を目指している人と出会い、グローバルにつながっていくことができるようになります。

　第4次産業革命を迎え、より便利といわれる時代に入っていくことで、これまで苦労したり、手間をかけたりしてきたようなことが、より簡易になっていくのは間違いありません。そのような時代において、学校現場ではどのような教育に取り組んでいくことがふさわしいのでしょうか。

　その1つが、「どのように生きるのか？」を子どもたちと考えていくことです。「とにかく勉強する」「試験があるから勉強する」ではなく、「○○になって〜〜をしたいから勉強する」「自分の身につけた知識や技能を、○○に役立てるために使いたい」など、自分の人生で成しとげたいことをより明確にもつことが必要になってきます。

　いわゆる「志共育」ともいえるような教育の実施が必要なのです。

　文部科学省も「キャリア教育」の重要性を打ち出しています。学校で人生を学ぶ——ありきたりな表現ですが、今一度、学校の本質とは何かを、教師自身も見つめ直す時期なのかもしれません。

Chapter 3

プログラミング教育を
無理なく推し進める
教師の仕事術

コンピュータをさわるのは年に数回しかないから、
そのときしかプログラミング教育は進められない？
いやいや、そんなことはありません。
普段の授業の中でこそ、プログラミング的思考を
育むチャンスがあるのです。

あれこれとさわる癖を
つけよう

教師も、子どもも、とにかくまずはさわってみるところから！

💡 現代に説明書は姿を消した?!

　アップル創設者の１人であるスティーブ・ジョブズがスマートフォンを発表して以来、急速に「説明書」の姿を見なくなりました。「すぐに使える」「簡単に使える」が主流となり、私たちは説明書を手にコンピュータ機器とにらめっこするということがなくなりました。

　プログラミング教育も同じです。とにかく、まずはさわってみましょう。さわることで、覚えていくことができるのです。

💡 どんなページをのぞけばいいか

　例えば、子どもでも簡単に扱うことのできるプログラミングを学ぶツールに、「Scratch（スクラッチ）」があります。そして、インターネットで検索していけば、さまざまなサイトにアクセスすることができ、すでにつくり上げられた作品や実際に自分でプログラミングをすることのできるページもあります。

　また、NHK for School 内の「ワイワイプログラミング」では、たいへんわかりやすい紹介がされていますので、ぜひ一度のぞきにいってみてください。全国の子どもたちが作成した作品も多数紹介されていて、とても刺激的です。

💡 教師のやる気スイッチは「意味づけ」

　子どもたちは、コンピュータをさわり、プログラミング体験を少し積み重ねていくだけで、驚くほどスキルを向上させていくことでしょう。子どもたちのやる気スイッチは「楽しいこと」で入り、楽しければ大人顔負けといわれるほどのレベルにすぐに達してしまいます。

　大人である教師の多くは、日々の業務や多忙さから単に「楽しい」だけでは続きません。なかなか手がつかないようなときには、ぜひとも「なぜ、プログラミングが必要なのか？」に立ち返りましょう（p.10〜11参照）。教師には、意味づけ、理由づけが必要なのです。

ADVICE！

・先生方もプログラミング作品を作成し、職員室などで交流し合いましょう。他者からの刺激で、さらにステップアップさせていくことができます。

年間指導計画を
作成しよう

年間指導計画を、生きた教育計画にしよう！

プログラミング教育の目標と自分たちをつなぐ

　年間指導計画を作成するにあたって、まずしなければならないこととは、文部科学省が打ち出している「プログラミング教育の目標」と自分たち教師をつなげるということです。つまり、学校の教育目標、児童や保護者、地域、教師の願いとは何かを明確にすることです。

　この作業を抜きにしてしまうと、ただ「こなしている」という状態になってしまい、子どもたちを成長させていく「生きた教育」にはなりえません。

発達段階を考慮する

　子どもたちの発達段階に応じて、それぞれどのような力を身につければいいのかの確認も、欠かせないことの1つです。低学年、中学年、高学年と、それぞれ「知識及び技能」「思考力、判断力、表現力等」「学びに向かう力、人間性等」において、どのようなことを目指すべきかが明確に示されています。

　学校として目指す目標は1つですが、それに向かうための道筋はそれぞれの学年で違いが生じます。そうした発達段階ごとの違いをきちんとふまえることが、実りある教育につながります。

💡 教材とプログラミング学習のつながりを見抜く

　実際に、どの教材でコンピュータを用いながらプログラミングの学習をするのかということも確認すべき点です。プログラミングの学習を行うことのできる教材は、Chapter 2（p.36 〜 45 参照）でも示していますが、その学習（本時）をどのように行うのかということとともに、その学習（本時）に入るまでの学習の経緯までをきちんとおさえるように気を付けましょう。なぜなら、プログラミングの授業にも目標が存在し、それによって学習内容の発展的学習なのか、活用的学習なのかが変わってくるからです。

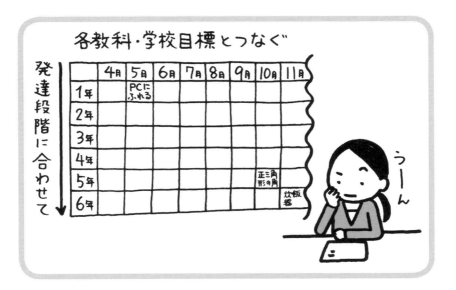

ADVICE！

文部科学省、総務省、経済産業省が協同で発信しているサイト「未来の学びのコンソーシアム」には、授業に役立てやすい各種資料が掲載されています。

カリキュラム・マネジメントを進めよう

プログラミング的思考の視点をもって教材を見よう！

(!) 視点をもって教材を読む

　プログラミング教育は、本書で何度も述べているように「プログラミング的思考（論理的思考）」を育むことが大きな要素となっています。つまり、コンピュータをさわるだけがプログラミング教育ではありません。

　そこで、各教科の年間指導計画を作成したり確認したりするときに、「ここで、どんなプログラミング的思考を身につけさせられるだろうか？」という視点をもって確認するように意識化していきます。本書でも Chapter 4 で、ほとんどの教科にからめて紹介します。

　自分が担任する学年ならば、どのような指導ができるのかを常に把握していくことが大切です。

(!) プログラミングにおけるキーワードとは

　では、どんな視点をもてば、「ここはプログラミング的思考とつなげられる」かを見抜くことができるのでしょうか。

　例えば、Chapter1 で説明したプログラミング的思考のキーワード（p.22 〜 23 参照）は、「分析」「抽象化」「改善」「順次」「問題発見」「解決の見通し」「一般化」「繰り返し」「条件分岐」「組合せ」などです。

これらのキーワードは、直接、プログラミングを行う際にもつながってくるものです。

💡 教科書をめくって題材を見抜く

　前述の視点をもちながらプログラミングに関わる題材を見出すには、「教科書をめくる」ことが必須です。教科書は文部科学省の検定を通ったまさに1級の資料です。そして、子どもが読むことを前提に書かれたものなので、具体的でわかりやすく、情報もそぎ落とされてコンパクトなかたちになっています。

　教材研究には、教科書の使用が一番なのです。

ADVICE！

実際に教師がプログラミングを理解し、さわることで、「この教材もプログラミング的思考につながっている！」と発見できるようになります。

学習活動の分類と指導の考え方をおさえよう

学習活動6分類を把握しよう！

頭に入れておきたい「学習活動6分類」

　プログラミング教育は、教育課程の内外でも行われるものと考えられています。実際に文部科学省からは、「小学校段階のプログラミングに関する学習活動の分類」として、教育課程内で実施されるものとして4分類、教育課程外で実施されるものとして2分類が挙げられています。

A：学習指導要領に例示されている単元等で実施するもの

B：学習指導要領に例示されてはいないが、学習指導要領に示される各教科等の内容を指導する中で実施するもの

C：教育課程内で各教科等とは別に実施するもの

D：クラブ活動など、特定の児童を対象として、教育課程内で実施するもの

E：学校を会場とするが、教育課程外のもの

F：学校外でのプログラミングの学習機会

6分類は仕事術に直結する

　新学習指導要領が実施され、プログラミング教育が本格実施となってからは、いろいろな授業場面で「プログラミング教育を！」という

ように活気づいていくことでしょう。

　ただし、まずは先に挙げた6分類を基本として、「今、実践しようとしているものは、どの分類に入るのだろうか？」と常に意識化しながら、確認を怠らないようにしましょう。そうした冷静さをもってプログラミング教育に向き合っていかなければ、あれもこれもと気ばかり焦って、「すべてを実施しなければならない」などと脅迫的にとらえがちになり、業務の整理がつかなくなってしまうおそれもあります。

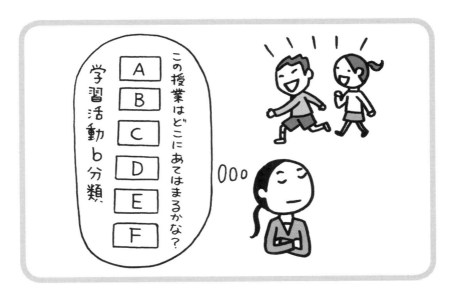

ADVICE！

学校現場で中心に実施されていくのはA〜Cです。D〜Fに取り組めるのは、学校として非常に発展的に活動できている状態ととらえましょう。

学校の環境整備に努める

適切に管理しつつ、手軽に使用できる環境づくりを！

💡 適切な管理と手軽さがキーワード

　「もしも、所属校のコンピュータ担当になったら？」。間違いなく職場からの優先順位の高い要望として「コンピュータの整備」が挙げられることでしょう。コンピュータの難しいところは、紙とは異なり、「管理に配慮を要すること」なのです。

　そして、さらに究極の要望は、「コンピュータが適切に管理されている状態で手軽に使える」ことでしょう。使用ルールが曖昧であると、すぐに破損したり、不具合が生じたりというトラブルが発生します。しかし、そうであるからといって、複雑な使用ルールを設定してしまうと、誰もコンピュータをさわりたがらず、プログラミング教育も活気づきません。使用ルールのバランスが肝となるのです。

💡 「使用ルール」でおさえておきたい 2 つのこと

　では、どんなことに気を付けて「使用ルール」を設定すればいいのでしょうか。絶対に外せないこととして、まずは「手軽に取り出せる」というルールがあります。できれば、管理されている場所から子どもたちが自分で持ち運びできることが望ましいでしょう。

　「教師だけしか取り出してはいけない」などの厳格なルールは、で

きるだけ避けたいものです。「誰が使っているか」を可視化することも必須のルールです。

💡 環境整備の一工夫

　前述した、「子どもが持ち運べるように」「誰が使っているかを可視化する」のルールをトラブルなく進めていくためには、一工夫が必要です。例えば、子どもが持ち運ぶときには、布で作った袋などを用意し、それに入れると、落としてしまったときにもクッションになります。

　また、誰が使っているのかを可視化するには、ホワイトボードを用意し、使用している学年やクラス、台数などを書き込んでいくようにすれば、より便利に使用状況を把握することができます。

ADVICE !

校内 LAN の大元にあたるサーバーが、どこにあるのかを確認するようにしておきましょう。トラブル発生時に役立つことがあります。

クラブ活動でも
チャレンジしよう

プログラミング学習でクラブ活動の充実がはかれる！

💡 クラブ活動でプログラミングを

　コンピュータを扱ったクラブ活動を設置している学校が多くなってきているようです。コンピュータといえば、まさにプログラミング。ぜひ、クラブ活動でもプログラミング学習を導入してみましょう。ちなみに、文部科学省の示す「小学校段階のプログラミングに関する学習活動の分類」では、Dとして「クラブ活動など、特定の児童を対象として、教育課程内で実施するもの」に位置付けられています。

　クラブ活動は、コンピュータに興味関心の高い子どもたちで編成されていることが基本です。そのため、授業以上に意欲的に取り組む子どもが多くいることは間違いありません。また、クラブ活動で行うメリットは、「異学年集団」ということにあります。例えば、4年生には難しいと感じる課題でも、5、6年生が教え合うことが可能になり、理解が驚くほど促されます。

　「教え、教えられる」という関係が成り立つことで、知識や技能の習得をより深めることができる上に、プログラミングを通じての多様なコミュニケーションもはかることができます。

　そしてさらには、学校全体におけるプログラミング熱の底上げにつながっていきます。

💡 クラブ発表会で夢中を引き出す

　多くの学校で、年度末などに「クラブ発表会（クラブ展示会）」を開催していますが、そこをゴールに設定し、プログラミングで作成した作品を披露させるようにすると、子どもたちのモチベーションはぐんと引き上げられます。

　興味や関心の高いものをかたちにし、それを他者に見てもらうことができる環境は、より子どもたちの意欲を引き出します。教師の予想をはるかに超えて、世の中を驚かすような思ってもみない大作が生まれるかもしれません。

クラブ活動でプログラミングを！

さまざまな学年の子どもたち　　発表会

ADVICE！

コンピュータクラブを飛び越え、さらに専門性を高めた「プログラミングクラブ」にするのもおすすめです。より特化した活動に取り組めます。

勤務校を越えて「外部」とどんどん連携する

プログラミング教育は他校と連携を深めることで高まる！

外部との連携を積極的に

　文部科学省は、「プログラミング教育の充実を図る上で、企業・団体や地域等と積極的に連携し協力を得る（外部の人的・物的資源を活用する）ことは有効」と述べています。もちろん、プログラミング教育だけではありませんが、これだけ多岐にわたるものが学校に求められている今、学校の力だけですべてを解決することは到底できることではありません。外部と連携できる機会があるときには、積極的に活用しない手はありません。それは、子どもたちにとっても、さまざまなチャンスや出会いの場となります。

どんな団体と連携をとればいいのか

　地域によって実情はさまざまにありますし、つながりは各学校によって異なりますが、例えば、企業、ボランティア、大学、NPO などと連携をとることが可能です。ネットワークをフル活用し、また、実際にそうしたものがなくても、連携がとれそうな（または、とりたい）団体などがあれば、積極的に連絡をとってみましょう。

　NHK などの学校放送番組の活用も考えられます。短い時間でうまく子どもたちに伝えたいことがまとめられていて、非常に便利です。

💡 ICT 支援員さんをフル活用する

　昨今、ICT 支援員が来てくれる学校も多いのではないでしょうか。プログラミングのスペシャリストが学校に勤務してくれるシステムも引かれていますので、学校に ICT 支援員が訪れる日程は丁寧に確認し、積極的に連携をとっていきましょう。その際、自分たちの聞きたいこと（スキルのことや子どもたちに取り組ませたいことなど）を事前にまとめておくと、無駄なく計画的に進めていくことができます。

　ただし、子どもたちへの指導の主導者は、あくまでも教師であることは忘れてはなりません。

ADVICE！

学生ボランティアなどを活用することも可能になってきました。外部団体や支援員から情報を得ながら、積極的に活用していくこともおすすめです。

10年後にみる職業の変化

　学校は、未来の社会で活躍する人材を育てる場所でもあります。そして、当然のことですが、10年後の未来を見据えた教育を行う必要があります。目の前の子どもたちは、今の時代に適応した社会人になるのではなく、10年後に羽ばたく社会人なのです。

　第4次産業革命においては、仕事の内容にも大きな変化がもたらされると言われています。例えば、次のような職業に変化が起きることが指摘されています。

　電話営業／保険事務員／データ入力係／銀行窓口／モデル／レストラン、ラウンジ、カフェの店員／フードコート、コーヒーショップのスタッフ／一般事務員／ネイリスト

　また、「2011年度にアメリカの小学校に入学した子どもたちの65％は、大学卒業時に今は存在していない職業に就くだろう」と、ニューヨーク市立大学教授のキャシー・デビッドソン氏は指摘しています。もちろん、アメリカでの話題ですので、そのまま日本に当てはまるかどうかはわかりませんが、同じような傾向が日本でも見られることは、間違いないでしょう。私たちは、そうした未来を見据えて、日々の子どもたちの指導に当たらなければならないのです。

　しかし、AIにも絶対にできないと言われていることがあります。それは、人と人とのつながりによる価値を生み出すことです。「この人に会うと安心する」「この人を見ると元気が出る」「この人のおかげで自分の道が決まった」など、人と人とのつながりによって育まれるさまざまな価値の創出は、AIと言えども、できることではないでしょう。

　将来、消えてしまう職業の1つに「教師」が挙げられていますが、私自身は、教師という仕事はなくならないと確信しています。それは、AIに子どもたちの感情を受け止めたり、揺さぶったり、察知したりすることはできないと考えるからです。

　第4次産業革命により、教師の役割が大きく変わる可能性はあるかもしれませんが、その「役割」とはどのようなものなのか、私たちに課せられた宿題としてしっかりと受けとめていかなければなりません。

Chapter 4

教科別

プログラミング的思考を育む授業のつくり方

「プログラミング教育で、実際にどんな力を
子どもたちにつければいいのかさっぱりわからない！」
という疑問にお答えします。
本章では、プログラミング教育がねらう
子どもたちにつけたい力を、
教科別にわかりやすく解説します！

作文の題材を要素に分解する

学　年　3年生以上
活動形態　作文
ねらい　題材の分解を通して要素を分ける力を育む【分解】

進め方

①作文のテーマを決める（運動会、遠足、修学旅行など）
②マンダラート図の真ん中にテーマを書き、その周りに印象に残っていることを書いていく（右図参照）
③書いた中から3つほどを選び、書く材料とする
④文章構成図の作成へと進む（p.66 〜 67 参照）

展開のポイント

　「何を書いていいかわからない」という子どもは、題材（テーマ）を細かく分解することができていません。書こうとするテーマを細かく分けることは、プログラミングの「分解」の考えにつながる思考です。

発展アイディア

　卒業文集など、テーマの決定をするところからマンダラート図を活用してみましょう。真ん中に「卒業文集」などと書き込むことで、書けそうな素材を探し出すことができます。

（！）つまずきが見られたら

　もし、マンダラート図を埋めることができないときは「どんな小さなことでもいい」とアドバイスをしましょう。題材探しは大きなかたまりを小さく分解することです。そのときに「小さな」という言葉が有効になってきます。

（！）ふりかえり

　1つの要素（テーマなど）を分解することができたかどうかを見定めましょう。それがプログラミング的思考につながります。

ADVICE！

インタビュー形式などを取り入れ、「質問」を通して題材を探させることで、子どもたち同士で分解の力をつけることができます。

作文の構成を
考える

学 年	３年生以上
活動形態	作文
ねらい	文章の構成を通して組み立てる力を育む【組合せ】

💡 進め方

①前ページのマンダラート図を使って決めた題材を、どのような順番
　にして並べるかを決める
②どうしてその順番にしたのかを理由づけする
③それぞれの題材で書きたいことを２〜３つ書き出す
④作文を書いていく

💡 展開のポイント

　どのような文章構成図でも構いませんが、教師のほうから図を提示
しましょう。図は子どもたちにとって文章を構成するための思考ツー
ルになります。空白のある図を手渡されたら「埋めたい」という意欲
を引き出し、思考の方向付けをすることもできます。

💡 発展アイディア

　例えば、二瓶弘行先生（桃山学院教育大学教授）考案の「説明文の家」
を用いることで、作文の要旨まで考えることができます。授業の途中
で「ギャラリーウォーク」（自由に立ち歩き、友達のノートを見る活動）

を入れていきましょう。友達同士でさまざまなアイディアを効率的に
交流させることができます。

⚠ つまずきが見られたら

　2パターンや3パターンの組合せを考えさせてみましょう。数多く
のパターンを出すほうが力を抜いて取り組むことができます。

⚠ ふりかえり

　国語科①（p.64 ～ 65 参照）から取り組んだ「分解した要素」を組み
合わせることができたかどうかという視点でふりかえります。

ADVICE !

　組み合わせた文章構成図から題名を考えさせることもおすすめで
す。自分の生み出した要素を束ねる力が身につきます。

作文を
推敲する

学 年	全学年
活動形態	作文
ねらい	文章の推敲を通してよりよく改める力を育む【改善】

💡 進め方

①作文を完成させる
②自分の作文を推敲するときに、どんな視点で推敲するのか話し合いを通して出し合う
③実際に推敲をしてみる
④ふりかえりを書く

💡 展開のポイント

　作文を推敲する前に、どんな視点で自分の作文を推敲するのかを確かめるようにしましょう。確かめるポイントは、各学年での指導事項によって変わってきます。低学年では誤字脱字のチェックや主語と述語の見直しを、高学年ではねらいに沿った文章になっているかなど、「推敲」といっても幅広い視点があります。

💡 発展アイディア

　友達同士で推敲し合う学習もおすすめです。自分には気が付かなかった視点で推敲することができます。また、友達がどのようにして

推敲しているのかも知ることができます。

⚠ つまずきが見られたら

　実際に、課題を済ませている友達に、目の前で推敲する様子を見せてもらうようにしましょう。それでもわからないときには、推敲すべき個所を教師がひろい、マーキングしてあげます。

⚠ ふりかえり

　「改善」を通して、足りない視点や追加すべき視点に気が付かせることで、改善の効果を子ども自身が感じられたかを確認しましょう。

ADVICE!

　「推敲」とは、「詩や文章をよりよいものになるように修正すること」です。前向きな気持ちをもたせてから推敲に入るようにしましょう。

テーマに沿って
意見の流れを考える

学　年	**3年生以上**
活動形態	**話し合い活動**
ねらい	**主張の通りやすい順番を考える力を育む【順次】**

💡 進め方

①課題となるテーマを決める

　例：「学校にマンガを持ってきてもいいかどうか？」など

②自分の立場を決め、意見を書く。その際、3〜4つ書くようにする
　（自分とは逆の立場への反対意見も含めて書く）

③どのような順番で自分の意見を主張すれば、より自分の主張が通る
　かを考える

④それぞれの意見を主張し合う（話し合い活動）

💡 展開のポイント

　「意見をどのような順番で組み立てると、より自分の主張が通りや
すいのか」を考えさせることがポイントです。そのため、意見は3〜
4つと多く書かせるようにしましょう。1つや2つでは、順番を決め
ることができないので、注意する必要があります。

💡 発展アイディア

　順番を2パターン以上つくらせます。そして、どちらがより主張が

通りやすいかを考えさせてみましょう。

💡 つまずきが見られたら

　自分でなかなか意見が書けなかったり、順番が決められなかったりしたときには、同じ立場の人とグループで対話する時間をもうけるといいでしょう。

💡 ふりかえり

　「どの順番が一番効果を発揮するか？」という視点で考えることができたかどうかを見ます。このとき、自分はもちろん、友達の工夫も発見できるように促すようにしましょう。

ADVICE！

主張が通りやすいと思った「クラスの1番」を、全員の投票で決めるのもいいでしょう。その際、自薦は控えさせるようにします。

資料の読み取りから
問題を見つける

学 年	3年生以上
活動形態	一斉授業
ねらい	資料から自力で問題を見出す力を育む【問題発見】

💡 進め方

①教科書などから、本時にてメインで扱う資料（写真・図・グラフ・イラストなど）を1つ決める

②「資料を見て、気が付いたことやはてなと思うことをできるだけたくさん書きましょう」と指示する

③ノートにできるだけたくさんの意見を書く

④発表し合う

💡 展開のポイント

　プログラミングを行う大前提として、「（命令を出す）人が問題をもっている」ことが挙げられます。この学習では、「問題を見出す」ということに取り組んでいることをおさえましょう。

　そのため、まずはできるだけたくさん書き出すことがポイントです。ノートには、番号をつけて箇条書きにさせるようにしましょう。

💡 発展アイディア

　「はてな（疑問）」だけを書かせると、レベルを上げることができます。

ただし、この活動に慣れてから取り組むようにしましょう。

💡 つまずきが見られたら

　ペアやグループで意見交流する時間を設けましょう。そのとき、友達の意見を写してもいいこととします。ただし、自力で取り組む力をつけるため、その後に1人で取り組む時間を少しでもとります。

💡 ふりかえり

　気が付いたことや疑問を通して、何か問題を見つけることができたかどうかをふりかえります。どんな小さな問題でも構いません。

ADVICE！

「3年生なら6つ以上」など、学年×2の数を用いて、書く量の基準を示すと、さらに集中して取り組むようになります。

学習内容の中から
重要事項をまとめる

学 年	3年生以上
活動形態	一斉授業
ねらい	学習のまとめを通してわかりやすく伝える【一般化】

💡 進め方

① （単元の終了などに）これまでの学習をまとめる学習をすることを伝える
② ノートを見開きで使うことを伝える（範囲を超えてはいけない）
③ 色や図、イラストなどを用いて、学習内容が一目でわかるようなノートにすることを伝え、取り組むようにする

💡 展開のポイント

　1つの単元では、たくさんの学習内容を学びますが、それらをまとめて一般化することが目的です。そのため、ノートの見開きでまとめるようにします。範囲を超えて書くことを許容すると、一般化の力は育まれません。
　また「一目でわかるように」という条件を加えることで、色や図などを工夫して使用することも指導していきましょう。

💡 発展アイディア

　「おうちの人に今回の学習内容を伝えるつもりで書きましょう」な

ど、相手を設定することで、より工夫が生まれます。「(○年生、または1つ下の学年) に伝えるつもりで」なども効果的です。

💡 つまずきが見られたら

早く進んでいる子やこれまで取り組んだ子のノートがあれば、見本として提示します。また、教師が書く部分を指定するのもいいです。

💡 ふりかえり

学習した内容をうまく整理することができたかどうか (偏りはないか、重要な部分が抜け落ちていないか) をふりかえりましょう。

教科書

どの学習を
まとめようかな…

完成したノート

まとめることで一般化の力を！

ADVICE！

「ギャラリーウォーク」(p.66 参照) をすると、いろいろなパターンのまとめを見ることができます。

社会科見学で得た情報をまとめる

学 年	3年生以上
活動形態	社会科見学＆教室での授業
ねらい	多くの情報をわかりやすく伝える力を育む【一般化】

進め方

① （社会科見学実施前の事前指導として）「目に見たものをすべて記録する」ということを告げる
②社会科見学にノートを持参し、できるだけたくさんのことを記録する
③社会科見学の事後指導として、まとめ学習をする

展開のポイント

　社会科見学は、時間や場所が限定的です。「あそこをもう一度見たいから、また今度行こう」ということは基本的にできません。あとから情報を整理し、一般化するためには、一度の見学でより多くの情報をため込まなくてはならないのです。ただし、見学という体験の場です。短い言葉でメモすることをあらかじめ事前指導しておきましょう。

発展アイディア

　目についたことから疑問を生み出すことで、思考力を鍛えることもできます。ノートに疑問形で書かせるようにすると、より熱中して子どもたちが取り組みます。

💡 つまずきが見られたら

社会科見学中でも一呼吸おける瞬間があります。トイレ休憩、移動の待ち時間などです。そんな隙間時間に、どんなことを書いているのか交流させるようにしましょう。ただし、見学施設に迷惑にはならないように要注意。

💡 ふりかえり

学校へ戻ってからまとめるときには、どのような形式でも構いません。ノート、新聞、プレゼンテーションなど実態に合わせたものを選びましょう。

ADVICE！

より熱中してメモを取る子をできるだけ早い段階で見つけましょう。そして、その子を全体に紹介し、みんなのモデルにします。

単元末のまとめを発展させる

学 年	3年生以上
活動形態	まとめ学習、プレゼンテーション
ねらい	未来を思考することで順を追って組み立てる力を育む【順次】

進め方

①単元の終末まで指導をする（ここでは「自動車づくり」を例に）

②単元の終末に、「10年後の自動車を考えよう」と課題を設定する

③10年後の自動車を考える。その際、「どうしてその自動車か？」を理由づけさせる

④それぞれ考えた自動車を発表し合う

展開のポイント

　「10年後の自動車を考えよう」としているからといって、どんな車でもよしとするのではなく、それまでの学習の中で見出した問題点を解決できるような自動車を考えさせるようにしましょう。そうすることで、これまでの学習をこれからの学習へとつなぐことができます。

発展アイディア

　未来の自動車を「プレゼンテーションしよう！」と、学習形態を工夫することもできます。アウトプットの場を設けるのが大切です。

💡 つまずきが見られたら

「これまでの自動車の学習でどんなことが問題だと思った？」など、学習をふりかえることができる問いかけをします。一緒にノートや教科書をめくり、探していくことも重要です。

💡 ふりかえり

「これまで学習した自動車の課題を改善するものになっているか？」「10 年後の未来社会に必要か？」を見定めましょう。

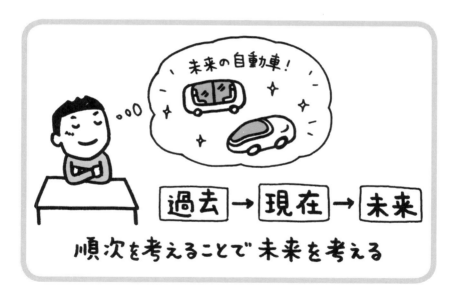

ADVICE！

単元末の学習が実りあるものになるかどうかは、それまでの学習の積み上げがどうかということにかかってきます。単元末から逆算して授業の構成を考えるようにしましょう。

問題文の読み取り

学 年	全学年
活動形態	一斉授業
ねらい	問題文から問題を見出す力を育む【問題発見】

💡 進め方

①問題文を子どもたちに提示する
②何が課題になるのかを考えさせる
③問題解決へとつなげていく

💡 展開のポイント

　子どもたちは「算数は答えを出す教科だ」と認識しています。そのため、問題を読めば「答えは何か？」に限定して思考してしまうことがあります。もちろん、答えを求めることは重要ですが、課題を見出す力を育むことも重要なのです。授業の導入では、「どんなことを課題にすればいいのか？」を思考する時間も確保するようにしましょう。

💡 発展アイディア

　子どもたちに問題を見出す力がまだ育まれていないときには、特に問題提示を工夫しましょう。数字を空白にし、どんな数字を入れると課題になるのかを思考するだけでも、思考力を鍛えることができます。例えば、２＋□では、「７」までは１ケタの計算、「８」「９」では繰り

上がりの計算になるなど課題が異なることに気付かせます。

（！） つまずきが見られたら

　スモールステップで課題発見の過程を提示することも重要です。繰り上がりを習う場面、例えば、「2＋□は？」「2＋4は？」「2＋7は？」と問えば、「できる！」と返事がきますが、「では、2＋8は？」とすれば、それまでの課題とは違うことに子どもたちも気が付きます。

（！） ふりかえり

　自分たちで問題を発見できたかどうか、自己評価させましょう。

ADVICE！

繰り返し「問題は何か？」を行うことで、問題を発見するという活動も楽しんで取り組むようになります。継続が大切です。

繰り上がりの計算をする

学 年	2学年
活動形態	一斉授業
ねらい	繰り上がりの計算からきまりを見出す力を育む【順次】

💡 進め方

①27 + 14 など、繰り上がりのある問題を提示する
②筆算で解決することが便利であることをおさえ、筆算で取り組む
③「9」を超えるときには、どうするのかを問い、繰り上がることを
　おさえる
④そして、「10」になったら位が変わるという法則をおさえる

💡 展開のポイント

　算数には、さまざまなきまりがあります。それは「10になったら位
が変わる」ということも含まれます。こうしたことを意識をして取り
組んでいる子どもは少ないと思いますが、このきまりをおさえること
も「プログラミング的思考」を育むことにつながっていきます。

💡 発展アイディア

　足し算の筆算のみならず、さまざまな場面で「きまり」を見つける
ことができます。そうしたことにアンテナを張って授業にのぞむよう
にさせましょう。

(!) つまずきが見られたら

　「9になって次に1増えたら?」など、何度もきまりをおさえる問いかけを入れていきましょう。その際、全員がすぐに答えることができるようになるくらいまでていねいに行います。

(!) ふりかえり

　「今日はどんなきまりを使いましたか?」などと問いかけるのもいいでしょう。ただし、あまりやりすぎないようにしてください。

ADVICE!

新たなきまりを学んだときには、授業の終盤で子どもたちにそのきまりをまとめさせてみましょう。これも継続が大切です。

割り算の筆算で
きまりを見抜く

学 年	3・4学年
活動形態	一斉授業
ねらい	割り算の筆算で規則性を見出す力を育む【繰り返し】

💡 進め方

①割り算の筆算の仕方について指導する
②割り算の筆算は（ある条件がととのえば）繰り返しで行われていることを伝える
③条件がととのわなくなれば終わりになることを伝える

💡 展開のポイント

　割り算の筆算にもきまりがあります。どのようなきまりかといえば、「割ることができれば続ける」「割ることができなければ終わる」というものです。これは、まさにプログラミングの「条件」そのものです。割り算の指導をしたときに、「こうしたことをコンピュータですることがプログラミングだよ」と一言伝えるだけで、プログラミングにつなげることができるのです。

💡 発展アイディア

　「規則性があると、どんないいことがあるか？」を考えさせるといいでしょう。プログラミングのよさをより実感させることができます。

💡 つまずきが見られたら

　割り算のつまずきの多くは、かけ算の習得が不十分なことです。かけ算に戻って指導するとともに、「必要要素がないと、プログラミングにも支障をきたす」と応用して伝えてもいいでしょう。

💡 ふりかえり

　割り算にどんなプログラミングが組み込まれているかを、自分の言葉で説明できるかどうか確かめてみましょう。

ADVICE！

　「割り算の筆算にどんなプログラミングが隠されているか？」を問い、子どもたちに深く思考させるのもいいでしょう。

問題の解き方を
説明する

学年 全学年

活動形態 一斉授業

ねらい 解決方法を思考してわかりやすく伝える力を育む【一般化】

進め方

①本時の学習問題を知り、どのようにして解決するかを思考する

②どのように解決することができるかを人に伝えることができるように
ノートにまとめる

③ノートにまとめたものをもとにして発表する

④どのようにして一般化されるかを考えさせる

展開のポイント

　算数科では「どのようにして課題を解決するか?」を十分に思考させることでも、プログラミング的思考を育むことができます。問題を解くだけでは、そのような思考が十分に身についたとはいえません。

　また、いくつかの方法で解決した後に、「どのようにすることが、これからの学習に活かせるか?」を検討させるようにしましょう。

発展アイディア

　解き方の発表場面では、聞いている子どもたちに質問させるとより思考が深まります。

⚠ つまずきが見られたら

　同じ考えをもつ友だち同士で協働学習させることを取り入れましょう。解決を説明するのは簡単なことではありません。子どもたちが解決に困っているときこそ、グループ学習が有効です。

⚠ ふりかえり

　自分の考えをノートに表現できたか、友だちに説明できたかを自己評価させましょう。自己評価は3段階などを取り入れてみましょう。

ADVICE！

全員が考えを説明する機会をもつべきです。全体での発表を終えた後に、ペアで発表し合うなどの時間を確保しましょう。

事象の写真から気が付いたことや疑問を出す

学 年	3学年以上
活動形態	一斉授業
ねらい	事象の読み取りから問題を見出す力を育む【問題発見】

💡 進め方

①単元の扉のページにある写真を提示する
②写真から気が付いたことをノートに書かせる
③気が付いたことから疑問を生み出す

💡 展開のポイント

　理科の教科書では単元の導入ページに、その単元に関わりのある事象の写真が大きく提示されていることがほとんどです。これをうまく活用しましょう。写真に写し出されている事象から、気が付いたことをできるだけたくさん出させて、そこで気が付いたことに疑問をもたせていくのです。これだけで問題発見の思考を育むことができます。

💡 発展アイディア

　気が付いたことから生み出した疑問に、予想を付け足して書かせます。より単元に興味・関心を抱かせることができます。

💡 つまずきが見られたら

　まずは、どれだけ小さなことでも、当たり前のことでも、気が付いたこととしてノートに書かせることです。ボヤッと見ていては、何も発見はありません。例えば、「アリの眼で見てみよう」というように子どもたちを導いていくようにします。

💡 ふりかえり

　自分で気が付いたことに疑問をもつことができたかどうか。つまり、問題発見を自力でできたかどうかを確認しましょう。

ADVICE!

クラスの中で数を競ってみることも、ときにはいい刺激になります。「30 個書けた」「50 個書けた」と、まずは量を求めることから始めます。

実験・観察の結果を
考察する

学 年	3学年以上
活動形態	実験・観察
ねらい	考察を通して「〜であれば○○」と判断する力を育む【条件分岐】

(!) 進め方

①今回の「観察」「実験の目的」「手順」を伝える
②「結果が○○であれば〜〜」ということをおさえさせる
③実験・観察後の結果をおさえさせる
④結果をもとにして考察させる

(!) 展開のポイント

　理科の実験・観察では、「条件分岐」の要素を含んだものが登場します。例えば、5年生で扱われている「植物の発芽」がそうでしょう。「発芽には日光が必要かどうか？」「水は必要か？」「肥料は？」と、一つ一つの条件を確かめていきます。つまり「日光があったら」「日光がなかったら」というように、条件分岐を確かめていきます。

(!) 発展アイディア

　「A ならば B」という条件分岐を、実験・観察の前に子どもたちに考えさせるといいでしょう。より思考力を育むことができます。

(!) つまずきが見られたら

　実験・観察の条件を、もう一度ふりかえっておさえるようにしましょう。結果による条件分岐をおさえておかなければ、ただ実験・観察をしただけという、「活動あって学びなし」となってしまいます。

(!) ふりかえり

　実験・観察の結果から条件分岐を見出せたかどうかを、丁寧にふりかえりながらまとめさせるようにします。

ADVICE！

自然界においても、プログラミングとの共通点があることを子どもたちに伝えていきましょう。

植物・動物・ヒトの連続性を学ぶ

学　年	5学年
活動形態	資料調べ・観察
ねらい	生命の連続性からプログラミングの共通点を理解させる【繰り返し】

進め方

①植物・動物・ヒトの生命について学ぶ

②植物・動物・ヒトの生命の連続性に合わせて、プログラミングの繰り返しについても触れるようにする

展開のポイント

　5年生の理科では、生命の連続性について学習します。植物や動物はどのようにして生命を連続させているのか、また、ヒトはどのようにして生命を連続させているのかを学習します。その中で、「どうして生命は連続しているのか？」を思考します。そこに、プログラミングにも「繰り返し」が使われていることをつなげて学習していきます。

発展アイディア

　例えば、リサイクルのように生命以外にも連続しているもの（こと）があるのか、自分たちの身のまわりを探求する活動も取り入れていくといいでしょう。

💡 つまずきが見られたら

　植物・動物・ヒトのそれぞれが、どのようなかたちで生命を繰り返しているのか、例示を用いながら改めて見直すようにさせます。

💡 ふりかえり

　生命が連続していることと、プログラミングの「繰り返し」が共通していることを学び、どんなことを考えたのかまとめさせます。

ADVICE!

生命の連続性とプログラミングの連続性の共通点や相違点などを子どもたちと話し合っていくと、より理解や思考を深めることができます。

イラストや図解を使って結果をまとめる

学年	3学年以上
活動形態	まとめ学習
ねらい	単元の内容を整理してわかりやすく伝える力を育む【一般化】

進め方

①これまで学習してきた単元の内容を、教科書などを使ってふりかえる

②ノートの見開きに、単元の内容（教科書のページ範囲を指定）をまとめることを伝える（見開きを超えないようにする）

展開のポイント

社会科のまとめ学習と同様、ノートの見開きを超えないように指導します。情報を取捨選択するからこそ、一般化の思考が身につくのであって、情報を溢れさせてしまうと、一般化の力を身につけることはできません。また、社会科とは違い、イラストなどを用いて図解させることに取り組ませましょう。

発展アイディア

まとめている途中で「進捗状況」を交流させると、新しいヒントを得たり、メタ認知（自分自身を客観的に見る）の時間としたりすることができます。

つまずきが見られたら

　どのようにして図解すればいいか、友だちのノートや教師の見本を見せることによってイメージをもたせます。まとめ学習が苦手な子は、どのようにして学習を進めればいいかわかっていないことが多くあります。

ふりかえり

　これまでの学習を、一目でわかるようにまとめることができたかどうか、自分のノートを見直すようにさせましょう。

これまでの**学習**をまとめる！

ADVICE!

　時間がとれるのであれば、「自分のノートのおすすめポイント」を発表させるようにしましょう。どこに力を入れたのかをメタ認知させます。

楽譜を読んで音符の組合せを見つける

学　年	全学年
活動形態	歌唱指導、器楽演奏指導
ねらい	音楽とプログラミングのつながりを理解させる【組合せ】

進め方

①歌唱指導や器楽演奏指導の際に、楽譜を読んで気が付いたことを出し合うようにさせる

②楽譜は、繰り返したり同じパーツを組み合わせたりしてできている部分があることを発見させる

③音符の組合せを感じながら、歌ったり演奏したりさせる

展開のポイント

　歌唱指導や器楽演奏指導をしているときに、楽譜に着目することは少ないでしょう。まずは、「楽譜を見て気が付くことはありませんか？」と問うことから始めます。きっと、楽譜に隠されたいろいろな秘密に気が付くことでしょう。そして、プログラミングでも、楽譜に表わされた音符の組合せがあることを知らせます。

発展アイディア

　コンピュータで音楽をつくることへもつなげると、より理解が深まります。

💡 つまずきが見られたら

　クラス全体でメロディーの繰り返している部分など、特徴的なところを赤鉛筆でマーキングします。苦手な子もクラス全員で行うことで、どこが特徴的なのかをおさえることができます。

💡 ふりかえり

　音楽の規則性や繰り返しなどとコンピュータのプログラミングをつなげて考えることができたかどうかまとめさせましょう。

ADVICE!

　音楽の特徴を知る前と知った後で歌唱や演奏を行い、感じることの違いがあるかどうかの意見も探ってみましょう。

音の組合せを意識して曲を聞く

学 年	全学年
活動形態	鑑賞指導
ねらい	曲の構成要素を聞き分ける力を育む【分析】

💡 進め方

①課題の鑑賞曲を聞かせる
②「どんなことに気が付いたか?」と問う
③楽器の組合せに着目して演奏を聞かせる
④音の組合せに着目して演奏を聞かせる
⑤全体で感じたことをまとめさせる

💡 展開のポイント

　曲の鑑賞は、楽器の組合せや音の組合せなどを分析するのには最適な学習活動です。なぜなら、音楽は音や楽器の組合せによってできているからです。

　しかし、そうした組合せは注意深く探らなければ見抜くことはできません。そのためにも、子どもたちにとっても「知りたい」という思いを強くかきたてるような鑑賞曲を選びましょう。

💡 発展アイディア

「楽器はいくつ使われているでしょう?」などと数を問いましょう。

つまずきが見られたら

　曲の一部分だけを聞かせ、短い範囲で指導するようにします。また、「この部分にはいくつの楽器が使われていますか？」など、はっきりとした答えを聞くようにすると、子どもたちも答えやすくなります。音楽を苦手に感じる子どもが多くいるクラスの場合、一気に曲を聞かせるのは効果的な指導とはいえません。

ふりかえり

　楽器や音の組合せを適切に見つけることができたか、また、見つけようとしていたかを確認させるようにしましょう。

ADVICE！

楽器同士でどんな効果を及ぼしているかという発問も加えながら、さまざまな視点をもたせるように思考を刺激していきましょう。

絵を描く前に 構成図をつくる

学 年	**全学年**
活動形態	**作品制作導入時**
ねらい	**作品の構成から効果を見出す力を育む【組合せ】**

進め方

①今回、どのような絵画作品を作成するかを知らせる

②自分の作品には、どのようなものを描くのかを考えさせる
（例：運動会の玉入れの絵であれば、カゴ・赤白玉・自分・友だち・白線など）

③それらをどのように構成するのか、簡単な構成図を描くことで把握し、効果を確かめさせる

展開のポイント

　図画工作科の絵画製作は、どのような構成で描くかによってずいぶんと仕上がりが変わります。それは、「組合せ」によって決まるため、作品の下絵作業に入る前に、「どこに何を描くか？」という下準備をさせてから作品製作に入るようにさせましょう。

発展アイディア

　これまでの子どもたちの作品やインターネットなどで調べた作品を用意し、その中から選ぶようにさせてみましょう。

💡 つまずきが見られたら

　黒板に何人かの構成図の下書きを貼り出し、紹介していきます。すると、まだ描けない子どもたちも、「こんな下書きがあるんだ」「こういうふうに進めればいいんだ」と、いくつかのパターンを知ることができます。それによって、そこから自分の作品はどれにしようかと選ぶことができるのです。

💡 ふりかえり

　自分の描きたいと思える構成図が仕上がったかどうか、自己評価させましょう。もし、満足がいかなければ再度取り組み、直させます。

ADVICE！

　構成の組合せの意図を、友だちにも説明できるようにさせます。すると、自分の考えやイメージををより整理することができます。

絵画の技法をどう 組み合わせるか考える

学 年	5・6学年
活動形態	作品制作導入時
ねらい	技法の選択によりでき上がりを見通す力を育む【組合せ】【見通し】

💡 進め方

①今回製作する作品について知らせる
②これまで学習してきた絵画の技法でどのようなものがあったのかを
　出し合うようにさせる
③教師から付け足すべき技法があれば付け加え、説明を行う
④どの技法を使って絵画製作を行うかを各自に決定させる

💡 展開のポイント

　構成と同様に、どのような技法を用いるかによって、作品の出来栄えは変わってきます。どの技法をどのような意図をもって使いたいかということを丁寧に話し合わせるようにしましょう。このように、子どもたちから出し合うようにさせることがポイントの1つです。

💡 発展アイディア

　それぞれの技法がどのような効果を生み出すのかということについても、話を深めさせるようにしましょう。

⚠ つまずきが見られたら

　これまでに学習した技法がわかるような写真・作品・動画などがあれば、あらかじめ教師が用意しておきましょう。もし、それができなくても、「○○という技法は〜〜だったね」などのように補足説明を行いながら、技法の出し合いを行っていくようにしましょう。

⚠ ふりかえり

　自分が使いたい技法を選び、組み合わせ、どのような作品になるのかをきちんと見通すことができたかを、各自に確認させます。

ADVICE！

　絵画の技法の組合せでも、自分の作品について説明できるかどうかが意図をもって組合せを見出せるかの分かれ目です。ぜひ対話の時間を入れ込むようにしていきましょう。

運動のテクニカルポイントを整理する

学 年	全学年
活動形態	実際に運動に取り組む
ねらい	体育の運動を通して成否を見定める力を育む【条件分岐】

進め方

①新しく行う運動について知らせる（例：さかあがり）

②新しい運動について、「成功するとき」「失敗するとき」がどうしてなのかを考えさせる

③うまくいくための条件を整理させる

展開のポイント

　運動には、必要なテクニカルポイントがいくつか存在し、そのポイントがすべて揃ってはじめて目指す結果が達成されます。それは、プログラミングでの「条件分岐」と通じるところがあります。例えば、さかあがりでは、「胸のひきつけ」が「できる」と「できない」のポイントとなって、生み出される成果が異なってくるということです。

発展アイディア

　うまくいかないとき、どのポイントが達成できていないかを観察し、教え合うようにさせましょう。

💡 つまずきが見られたら

　運動に苦手意識をもつ子どもにも、「どこができていないからできないんだろう？」「どこができているからできているんだろう？」と、技においてクリアするべき条件を考えさせることでプログラミング的思考力の向上へとつなげることができます。観察する対象は、自分自身でなくても構いません。

💡 ふりかえり

　成否に関わるポイントを見定め、整理したことをまとめさせましょう。

ADVICE！

　見出せたポイントを、体育科の子ども用参考書などと照らし合わせて考えさせてもいいでしょう。

技を組み合わせて表現を考える

学 年	３学年以上
活動形態	鉄棒・マット運動
ねらい	技の順番・構成による効果を見出す力を育む【組合せ】【順次】

💡 進め方

①これまで学習した技を組み合わせて表現することに気付かせる

②それぞれの技の表現効果を考え、どのような順番にすると自分たちの意図する効果を出せるかを考えさせる

③実際にその順番で運動をし、効果を確かめさせる

💡 展開のポイント

　鉄棒やマット運動では、「技の組合せ」を学習します。例えば、「飛び込み前転→開脚前転→前転」などです。どんな順番にするかによって、表現の効果が変わってきます。そして、どんな順番でどんな効果を出したいのかを思考させることこそが、プログラミング的思考へとつながっていくのです。ここでは、そのような運動ができるかどうかではなく、何を考えさせるのかを重視しましょう。すると、運動の苦手な子どもも、活動へ意欲的に参加するきっかけになります。

💡 発展アイディア

　考え出した技の順番の効果を検証し、考え直していくことで、「改善」

「改良」の経験も積ませていきましょう。

（！）つまずきが見られたら

　グループで考えさせるようにしてみましょう。話し合わせていくことで、運動で表現するだけではなく、技の特性を生かし、順番を多様に考えられるようになります。また、グループごとに評価をすることで、活動に参加しているという実感を味わわせることもできます。

（！）ふりかえり

　自分たちで意図した効果が出せるように順番を考えることができたかどうかを確認させましょう。

ADVICE！

他のグループの順番の組合せを見学する際に、どのような意図をもった順番なのかを自分たちで考えさせるようにしてみましょう。

コンピュータは
人がつくっている

学 年	4学年以上
活動形態	一斉学習
ねらい	コンピュータをどう活用していくかを考えさせる【一般化】

進め方

①コンピュータを扱っている教材を学習させる
②終末場面で、「コンピュータは人がつくっている」ことをおさえる
③「それを聞き、どのようなことを感じたのか?」を考えさせる

発展アイディア

　教科書には、各学年で「情報モラル」を扱っている教材があります。そのときに、合わせて指導するのがおすすめです。
　子どもたちがコンピュータと生活していくこれからの社会で、必ず知っておいてほしいことがあります。それは「コンピュータは人がつくっている」「人次第でコンピュータは変わる」ということです。このことを、確実に伝えていきましょう。

発展アイディア

　「人はこれからどのようにしてコンピュータを活用していけばいいのでしょうか?」など、コンピュータをより活用していく時代を生き抜く基盤となるような発問も、子どもたちの学びの深まりを見ながら

入れていきましょう。

(!) つまずきが見られたら

　「コンピュータを活用してよかったと思う体験は？」などと、その子自身の中にあるエピソードを問いによって引き出すようにしましょう。問いを出されることで、子どもの思考にスイッチが入ります。

(!) ふりかえり

　人とコンピュータを関連させて思考することができたかという視点をもってまとめさせましょう。

ADVICE!

友だちの考えを聞き合う時間を確保しましょう。多様な意見を聞くことで、未来社会をつくる基盤となる考えを抱くことができるようになります。

Chapter **4-24** 道徳科②

コンピュータの 得意なことと苦手なこと

学 年	4学年以上
活動形態	一斉学習
ねらい	コンピュータと人の役割について考えさせる【問題発見】

💡 進め方

①コンピュータには得意なことと不得意なことがあることを認識させる

②どんなことが得意・不得意なのかを考えさせ、意見交換させる

③コンピュータと人のそれぞれの役割を考えさせる

💡 展開のポイント

　コンピュータを万能のように考える子どもは少なくないでしょう。ただし、コンピュータにも得意なことと不得意なことがあります。つまり、これからの社会では、コンピュータの役割と人の役割をより意識することが必要となるのです。そうした視点をもちながら、子どもたちに考えさせることがポイントです。

💡 発展アイディア

　意見交換の内容が高まってきたところで、「コンピュータに人のような思考をもたせることは可能か？」という議論をさせてみましょう。

⚠️ つまずきが見られたら

「Ｔ字チャート」などの思考ツールを活用し、「意見を埋めたくなる」という意欲をもたせるようにしかけましょう。また、「これだけコンピュータが発達したのだから、人は働かなくてもいいんじゃないか？」などの挑発的な発問も、子どもの思考を刺激していきます。

💡 ふりかえり

コンピュータと人のそれぞれの役割を考えることができたかどうかを整理し、まとめさせます。

人の役割	コンピュータの役割
・アイディア ・人同士の話し合い ⋮	・プログラム ・繰り返しの作業 ⋮

ADVICE！

人とコンピュータがそれぞれにどのようにか関わり合っていく社会にするのかを議論させてもいいでしょう。

諸外国にみるプログラミング教育

　日本では、2020年度より本格的にプログラミング教育が導入されることとなりましたが、諸外国におけるプログラミング教育の状況は、どのようなものなのでしょうか。

　文部科学省から、「諸外国におけるプログラミング教育に関する調査研究報告書」が出されましたが、それをもとに諸外国の状況を探ってみましょう。この調査では、それぞれの国のプログラミング教育の状況を次のようにまとめています。

　ナショナルカリキュラムのもと、プログラミング教育を普通教科として単独で実施している国はないものの、情報教育やコンピュータサイエンスに関わる教科の中での実施が見られます。例えば、初等教育段階（日本の小学校に相当）では、英国（イングランド）、ハンガリー、ロシアが必修科目として実施。前期中等教育段階（日本の中学校に相当）では、英国（イングランド）、ハンガリー、ロシア、香港が必修科目として、韓国、シンガポールが選択科目として実施。後期中等教育段階（日本の高等学校に相当）では、ロシア、上海、イスラエルが必修科目として、英国（イングランド）、フランス、イタリア、スウェーデン、ハンガリー、カナダ（オンタリオ州）、アルゼンチン、韓国、シンガポール、香港、台湾、インド、南アフリカが選択科目として実施しています。

　単独での教科として設定している国はありませんが、世界各国でプログラミング教育が導入されていることがわかります。

　現場で実際に指導していく者として、もちろんハードルの高さも感じないではない今回のプログラミング教育導入ですが、世界の情勢を見れば、やはり、このタイミングでプログラミング教育を実施しなければ、世界から大きく遅れをとってしまうことは明白です。

　また、視点を変えてみれば、世界各国の現場でも、日本と同じような悩みを抱えているのかもしれません。報告書には次のような文面も見られます。

　「多くの国で、特に初等教育段階では、ロボット等の実体物を動かすなど、体験的に論理的な思考力や情報技術に関する理解を深める活動等が行われているが、プログラミング教育は単一の教科とはなっておらず、その<u>体系化や指導者不足</u>などが課題とされている。」（下線部筆者入れ）

　第4次産業革命がもたらす未来への教育は、どの国でも手探りの中進んでいるのかもしれません。それを励みに、力を尽くしていこうではありませんか。

プログラミング教育 Q&A

プログラミング教育の導入にあたり、
悩みや不安を抱えている先生方が多いのではないでしょうか。
また、不安や悩みをもつ以前に、「そもそもまだ
わからないことが多すぎる」という人もいることでしょう。
そんな悩みや疑問にお答えします。

デジタル機器の操作が大の苦手なのですが、
どのように取り組めばいいでしょうか？

A 本書でも度々述べたように、「まずはさわってみる」ことから
始めましょう。今のコンピュータは、「いかに説明書をつくら
ずに操作できるか？」が常識になっていますから、とにかく、まずは
さわってみるに限るのです。そして、わからなくなったら、臆さず、
調べてみたり、検索したり、人に聞いたりということを繰り返してい
きましょう。

ただ、それでも苦手意識が解消されないこともあるでしょう。そん
なときは、苦手であることを恥ずかしがらずに表明し、うまくまわり
の先生に甘えてみることです。すかさず得意な先生が、助け舟を出し
てくれますし、外部の専門家などとのつながりができるようにもなる
でしょう。

「苦手だ」と感じることまで自分ですべてやろうと思う必要はまっ
たくありません。

Q2 プログラミング教育への意欲がまったく
わきませんが、どうすればいいでしょうか？

A 「そもそも、どうしてプログラミング教育が必要なのか？」と
いう導入の背景に立ち返ってみましょう。時代は「第4次産
業革命」を迎えています。年を経るごとに、さらに加速度的にコン
ピュータは進化を遂げていくことでしょう。子どもたちは、その未来
の社会で社会人として活躍する人材となります。

教育の世界では、せめて「10年後を見据える」という視点を最低ラ
インとしてもっておきたいものです。「この学びが子どもたちの未来
には求められているんだ」ととらえるようにしていきましょう。

Q3 プログラミング教育が導入されることで、何が変わっていくのでしょうか？

A コンピュータが各校へ随時配置され、年間に何時間かさわる時間が生まれるなど、実際の取り組みの中で、「こんなものなのかな〜」と実感している先生もいるかと思います。

ただ、今回のプログラミング教育は、「知識及び技能」の面ももちろんですが、「プログラミング的思考」をも育んでいかなければならないことを忘れてはなりません。これまで実施してきた各教科の内容とプログラミング的思考をつなげて考えていくことで、教えている内容自体は大きく変わらなくても、とらえる視点が大きく異なっていることに気付かされます。

今回のプログラミング教育の導入で、これまでになかった「新たな視点」が加わったことは、指導の中でも非常に大きな学習であることを教師自身が実感していかなければなりません。

Q4 年間に何時間ほど指導すればいいのでしょうか？

A 平成 29 年度告示の新学習指導要領には、年間時数などは明記されませんでした。また、プログラミングを実施するときには、「児童の負担に配慮しつつ」という文言が書かれている箇所もあることから、年間で多くの時数を割くのは考えにくいことです。

年間指導計画を作成する際には、「どの単元でプログラミング的思考とつなげて指導するか（カリキュラムマネジメントの視点から）」「どの単元で、コンピュータを通じてプログラミング的思考を育むか」をおさえるようにしておきましょう。

Q5 勤務校にデジタル機器が十分に揃って
いないのですが、どうすればいいでしょうか？

A 　今の時点でコンピュータ関係の機器が十分でなくとも、今後、充実させていく方向で進むことは間違いありません。順次、各校に配備されていくものととらえ、近いうちに配備されることを念頭に置きながら校内で受け入れ体制を整えておきましょう。特に重要なのは、「自分たちの学校は機器が揃っていないから関係ない」と思わないようにすることです。機器はなくとも、「プログラミング的思考を育む」ことへの取り組みは可能です（もちろん、体験を通してプログラミング的思考を育むことがベストですが）。

　勤務校において、今後、どのような教育設備が導入されるのかということについて、常に敏感であるよう努めましょう。

Q6 プログラミング言語は
どのくらい教えるといいですか？

A 　新学習指導要領の中には、「プログラミング言語」という言葉は登場していません。解説（総則）の中でも、「小学校段階において学習活動としてプログラミングに取り組むねらいは、プログラミング言語を覚えたり、プログラミングの技能を習得したりといったことではなく」と明記されており、「論理的思考力を育むとともに、プログラムの働きやよさ、情報社会がコンピュータをはじめとする情報技術によって支えられていることなどに気付き、身近な問題の解決に主体的に取り組む態度やコンピュータ等を上手に活用してよりよい社会を築いていこうとする態度などを育むこと、さらに、教科等で学ぶ知識及び技能等をより確実に身に付けさせること」と設定されています。

　今回の指導要領改訂の時点では、プログラミング言語自体を指導する必要はないということになっています。ただし「教えてはいけない」ということではありません。子どもたちの負担にならないように配慮しつつ、プログラミングを指導する中で指導したほうがいいと判断される場面では、もちろん取り上げて指導していくべきでしょう。

Q7 小学校段階では、どの程度、コンピュータ操作に慣れ親しませるといいでしょうか？

A 新学習指導要領では、「ア　児童がコンピュータで文字を入力するなどの学習の基盤として必要となる情報手段の基本的な操作を習得する（後略）」と書かれています。ここで注目すべき点は、「コンピュータで文字を入力する」という文言です。学校にコンピュータが導入されたときには、「タイピングをどれだけできるか」がコンピュータ操作にどれくらい慣れ親しんでいるかの判断材料にもなっていました。しかし、近年スマートフォンなどの普及により、日常生活の中で「タイピング」を行う場面が減りました。しかし、社会人となり、仕事上でコンピュータを扱うには、やはりタイピングスキルは必要です。どの程度という基準はありませんが、タイピングの基礎は習得させておくほうが望ましいでしょう。

Q8 授業づくりに参考となる資料には、どのようなものがありますか？

A プログラミングのことがもっとも詳しく書かれている文部科学省の資料は、「小学校プログラミング教育の手引（第三版）」（令和2年2月）です。プログラミング教育のねらいや方法、プログラミング教育とは何か、さらにはプログラミング学習を扱うことのできる単元とその指導法まで掲載されています。ぜひ、最低1回は熟読しましょう。また、各学校に届く教科書会社などからのチラシや冊子などの活用もおすすめです。短い文量でコンパクトに整理された情報から、知りたいことが的確に得られます。さらには、少し気に留めて、学校に送られてきた郵便物を見るようにしましょう。プログラミング教育に関するお宝が眠っているかもしれません。

Q9 プログラミング教育に役立つ WEB サイトはありますか？

A 　何といっても一番は文部科学省・総務省・経済産業省が連携して出している「未来の学びコンソーシアム」がおすすめです。未来の学びコンソーシアムは、文部科学省・総務省・経済産業省の連携により、学校関係者、自治体関係者、及び教育・IT 関連の企業・ベンチャーなどとともに設立されたものです。プログラミング教育の概要はもちろん、全国のプログラミング教育の指導事例などが掲載されています。また、それ以外に関することも幅広く掲載しておりますので、ぜひチェックしてみてください。

　また、文部科学省サイト内の「小学校プログラミング教育に関する研修教材」には、いくつもの教材がテキスト・動画ともに配信されています。さらには、文部科学省が作成した「プログラミン」では、実際に子どもたちがプログラミングを実施できるようになっています。ぜひ、のぞいてみてください。

Q10 プログラミング教育を 私たちの仕事に活かすことはできませんか？

A 　私たちの教師の仕事は、「論理的思考力」を働かせて取り組むものがほとんどです。そういった意味では、常に「プログラミング的思考」を活用し続けていると言えるでしょう。

　また例えば、忙しい中でも、国語についての研究を自分なりに進めたいとします。あまりの日々の忙しさで、ついつい自分のやりたいことは後回しにしがちですが、それでは、自分の満足のいく成果を得ることはできません。そこで、「電車を下りて改札までは国語の研究について考える」と決めるのはどうでしょう。「電車を下りて」は「条件分岐」になりますし、「改札までは」は「命令」です。そして、それを毎日することにするのなら「繰り返し」を使っています。

　そんなふうに考えることで、プログラミング的思考を私たち教師の日々の仕事に自然に活用していくことができます。

おわりに

　本書を最後までお読みいただき、誠にありがとうございます。

　本書を読み終えた方なら、きっと気が付いていることでしょう。

　結局、毎日の授業の質を上げることが、プログラミング教育を推し進めることであるということに。

　プログラミング教育とは、プログラミングの技能を高めるだけの教育ではありません。プログラミングは、コンピュータを扱う人がどのように考え、どのような未来を描き、どのような行動をとるかによって決定されていくのです。つまり、コンピュータをどのようにして扱えばいいのかという「プログラミング的思考」こそが、大切であるということです。

　こんな話を聞いたことがあります。授業のうまい先生のクラスの子どもたちは、自然に掃除がうまくなると。普通に考えれば、授業と掃除はまるで関係がありません。ただ、このことを教えてくれた先生は、「日常の授業をよくすれば、クラスの子どもたちは自然に掃除がうまくなる」と主張したのです。

　私は、プログラミング教育にも、このことが当てはまると思っています。

　いろいろな教育改革が押し寄せてきます。ともすれば、私たち教師は、一番大切なことを見落としてしまいかねません。つまり、「改革」という嵐に振り回されて、教師として一番大切な「日常の子どもたちとの時間」を奪われてはいけないのです。そのために、これからの教育に必要な正しい情報が必要です。

　未来を生きる子どもたちに、プログラミング教育は欠かせません。これまでの教育を最大限に生かし、効率よく子どもたちに届けていかなければ、教師も子どももパンクしてしまうことでしょう。

　本書では、これまでの教育を最大限に活かし、これからの教育を提案させていただきました。本書が、1人でも多くの先生方の手に届き、先生や子どもたちにとってお役に立つことを願ってやみません。

　少し大変な時代が続きます。でも、きっと私たちなら乗り越えられます。教室の子どもたちとともに、これからの未来をいっしょに迎えにいきましょう。

　　令和2年2月17日

　　　暖冬の中の大寒波に見舞われる日に教育界の明るい未来を願って

　　　　　　　　　　　　　　　　　　　　　　　丸岡慎弥

著者紹介

丸岡慎弥（まるおか しんや）

1983年、神奈川県生まれ。三重県育ち。
大阪市公立小学校勤務。教育サークルやたがらす代表。関西道徳教育研究会代表。銅像教育研究会代表。3つの活動を通して、授業・学級経営・道徳についての実践を深め、子どもたちへ、よりよい学び方・生き方を伝えるために奮闘中。道徳を中心として授業づくり・学級づくりにもっとも力をそそいでいる。最近はNLPやコーチングといった新たな学問を取り入れて、これまでにない教育実践を積み上げ、その効果を感じている。著書に『やるべきことがスッキリわかる！ 考え、議論する道徳授業のつくり方・評価』『話せない子もどんどん発表する！ 対話力トレーニング』『子どもの深い学びをグッと引き出す！ 最強のノート指導』（以上、学陽書房）、『取り外せる文例集つき！現場発！小学校「特別の教科 道徳」の見取り・評価パーフェクトブック』（フォーラム・A）、『ココが運命の分かれ道!? 崩壊しない学級づくり 究極の選択』（明治図書）など多数ある。

結局、何を教えればいいかがスッキリわかる！

小学校 はじめてのプログラミング授業

2020年4月16日　初版発行

著　　　者	丸岡慎弥
ブックデザイン	スタジオダンク
DTP制作	越海辰夫
イラスト	坂木浩子
発 行 者	佐久間重嘉
発 行 所	株式会社 学陽書房

東京都千代田区飯田橋1-9-3　〒102-0072
営業部　TEL03-3261-1111　FAX03-5211-3300
編集部　TEL03-3261-1112　FAX03-5211-3301
振　替　00170-4-84240
http://www.gakuyo.co.jp/

印　　　刷	加藤文明社
製　　　本	東京美術紙工

©Shinya Maruoka 2020, Printed in Japan
ISBN978-4-313-65392-4　C0037

乱丁・落丁本は、送料小社負担にてお取り替えいたします。
定価はカバーに表示してあります。